陈益 著

一水而东

——江南人文手记

上海书店出版社

目录

书生活

- 3　借书一痴　还书一痴
- 6　涡水之阳
- 11　药香如醽
- 16　岳飞的柔肠
- 19　"名者公器，不可以多取"
- 23　天公肯与方便否
- 27　不食物
- 34　怪人龚自珍
- 41　当了吴县令的袁宏道
- 48　祝允明的"左手"
- 54　左宗棠的"余沈"

60	疯子魏阀与戏子李渔
65	玉山雅集的多元文化现象
71	惜粮悯农的文学
74	一读四百年

字作坊

79	手帕上的《长征》
84	作协门墙的一块铭牌
89	标点符号的百年
92	民国士人与五四思潮
96	王韬的籍贯与情缘
101	王大觉与《青箱集》
107	状元毕沅的故事
115	陆毅断案的法、理、情
119	阉人三阻韩愈以后
124	"掌风化之官"
127	蒲松龄的形与影
131	"四十成翁"的屠隆
136	无讼之境

吴越潮

- 145　杭州的潮涌
- 148　星辰下的递铺
- 151　防风氏遗风
- 156　正襟危坐的理由
- 159　狼外婆的凳子
- 162　以水洗水
- 165　炖茶之道
- 167　湖丝与蚕神
- 170　慕俄格雾凇
- 175　裤子的文化启示
- 179　老航船
- 182　青花的乡愁
- 186　跃龙湖的牛
- 189　青梅竹马的嗔笑
- 192　淞南行
- 198　一水而东

砚边谭

209　法帖上的米芾
212　不善书法
217　二德难兼　旨在兼得
222　机器牛书法的启示
225　书法三昧与程君房墨
230　纪晓岚书画奇谭
234　冯梦祯与《江山雪霁图》
237　融入明清社会生活的书画
240　沈周的故乡襟怀

昆曲记

245　建筑语境中的昆曲
251　昆曲语境中的建筑
257　胡适误读的昆曲与俗戏
264　汤显祖的女儿心
271　竹西花事

277 鹅湖逸士的佳丽排行

283 我的补课小史
　　　——代跋

书生活

借书一痴　还书一痴

归有光先生有一个学生王执礼，字子敬，两人既是同乡，又在同一年考取进士。王子敬出任福建建宁（今福建建瓯市）推官，比他年长十几岁的归有光则去浙江长兴（今浙江湖州市长兴县）当县令。归有光对这位学生评价很高，说："可与评论古今者，独执礼一人。"不难想见他们间关系之亲密。归有光有了好书，常赠予王子敬，他将《水利录》付梓后，一下子寄去了四部，也希望王子敬寄来奇书。说假如遇到不肯借书的人，也着实令人懊丧。

清王士禛《池北偶谈》中有一则，记述归有光给王子敬的一封短札，说："东坡《易》《书》二传，曾求魏八不与。此君殊俗恶，乞为书求之。畏公作科道，不敢秘也。"借书，本来是一件十分文雅的事。可是某些人很俗恶，怎么也不肯拿出来。借书也须徇势，莫非像昔人有豪夺，也得豪借不可？

清梁绍壬《两般秋雨庵随笔》在引用这则故事时，还引了唐代人一句耐人寻味的话："借人书一痴，还人书一痴"。意思是说，借别人书的是一个傻瓜，还别人书的也是一个傻瓜。到了后来，有人把借书还书的痴，说得更加全面，称之为借一痴，与二痴,索三痴,还四痴。明知道人家不借,开口向人借书,为第一傻;明知道人家不还,偏把书借给人家,为第二傻;对不肯还书者拉下脸皮去讨,为第三傻;人家一讨就乖乖地给了人家,为第四傻。显然,读书人的种种做法,无不充满了迂腐穷酸之气。

但,话也要说回来,古时候书籍印刷困难,常常靠抄写流传。若想看书,借阅是最合理的。借了别人的书,赶紧动手抄,抄完了,把正本送还给人家。"借人书一痴,还人书一痴",痴得有道理,也挺可爱。梁绍壬说,后人发现了这句话的真相,所谓"借书一痴"者,其实是"借书一瓻"的口头误传。"瓻",有时也写作"鸱",是一种肚大口小的贮酒器。他引孙愐《唐韵》"瓻"字注云:"瓻,酒器也。大者容一石,小者五斗,古借书盛酒瓶也。"黄山谷想跟朋友借书,写过一首诗,其中有这么两句:"愿公借我藏书目,时送一鸱开锁鱼。"我想借读你的藏书,到时我会给你送去酒礼,请你打开你书箱的鱼锁。原来,古人讲究礼尚往来,找人家借书,去时要提去一瓶酒作为赘礼,还书时还要提一瓶酒作为谢礼,所以有"借人书一瓻,还人书一瓻"的说法。秦少游有一次闻听朋友正在撰书,很想借来一读,于是写了这样的诗给他:"知续《春明退朝录》,借观当奉一瓻还。"借书随礼,这是真正体现了书籍的价值,体现了文化的尊严。然而,文人爱书,却往往囊中羞涩。苏庠是一个穷文人,家里穷得只剩下几箱子书,想跟人家借书都没有酒礼送人家。他的"休言贫病唯三箧,已办借书无一瓻",写的就是如此窘境。

当然，也有不少人借了书，舍不得归还，占为己有，让书的主人讨也不是，不讨也不是。长此以往，就多了一份心眼。事实上，凡是喜欢藏书的人都怕别人来借，即使你送来了一瓶酒，也不太愿意松手。宁波天一阁主人范钦就是一个典型。他给子孙定下规定："代不分书，书不出阁。"黄宗羲《天一阁藏书记》中，记有归有光谈藏书的另一句话："书之所聚，当有如金宝之气，卿云轮囷覆护其上。"正是把书看得比什么都珍贵，天一阁藏书楼才保留至今。据说，清末学者、刻书家叶德辉为了防止亲友借书，在书橱上贴字条："老婆不借，书不借"。这犹如现代人在轿车尾部贴的标签"车与老婆，恕不外借"，表明是最私有者，令人莞尔。

涡水之阳

为了去涡阳,我特意焚香沐手,书写了条幅,内容是老子的《道德经》四十五章。这一章写过多次,从未写得如此虔诚。

我去的地方是老子的故里。汽车驶下高速,蛇行在绿荫笼罩的县际公路时,脑子里浮现一个疑问,挥之不去:这位伟大的哲学家、思想家,两千五百多年前为什么会诞生在涡水之阳?原因何在?可惜,忙于争抢诞生地资源而皓首穷经的人们,竟忽略了这个根本。

自古皖楚多俊才。梁启超说:"淮河流域,阳开阴合,为我国数千年来政治史的中心,其代产英雄,龙跳虎卧,为吾国数千年人物史的代表。"地处淮河流域的安徽,多产名留青史的政治家、军事家,更有思想家。信手拈来的就有朱熹、戴震、胡适。但,无论如何,比起老子他们只能甘拜下风。

翻开地方史志,不难看见这样的记载:"有星突流于园,老子因而降诞。"后人把老子诞生处称之"流星园"。涡阳县不仅勘查出流星园旧址,还出土了书有"古流星园"字样的石匾额和"老子□□"字样的残额。有人认为,所缺部分是"故里"二字。

还有记载曰:老子降生时"万鹤翔空,九龙吐水,以浴圣姿,龙出之处，因成九井"。考古专家在原流星园址动土，发现了九口古井。清理其中一口，初步可定为是春秋时期的井，这跟老子生活的年代是吻合的。其他八口井中，有三口曾在汉代修整过，其余五口则曾在宋代重新修筑。九龙吐水，以浴圣姿，显然是将老子神话化。善良的人们往往将心中最崇敬的人奉若神明。

我们去参观了一座飞架于涡河之上的新桥。即将通车的桥，气势宏大，耸立于双索面之间的主塔，犹如一颗朱红色的水滴，在碧水蓝天衬托下分外鲜艳。设计者以老子的"上善若水，水善利万物而不争"作为创意出发点，试图将老子的思想浓缩在水滴中，成为某种象征，至少是涡阳的城市象征。

我站在主塔下，凝神注视涡河。网箱、货船、钓客、滩涂，碎银一般闪烁在河面的波光，浓绿欲滴的树林与苇丛，构成了北中国特有的乡野风情。远处，广袤无垠的沃土密密层层地布满玉米高粱。这里不缺水。即便今年汛期到处都惊呼突破警戒水位，涡阳也并无洪涝。我不由想起老子笔下的水。《道德经》多次提及水、甘露、江海、川谷等意象，以水设喻，论述其独特的处柔、守雌、虚静的人生观。告诉我们，一个人如果效法自然之道，就要有水一样谦退守中的至刚、至净、能容、能大的胸襟和气度。

春秋时期是哲学气息、思辨氛围最为浓厚的时期。出现了孔子和《论语》，也出现了老子和《道德经》。老子比孔子年长二十岁，活过了九十高龄。老子主张无为而治，让老百姓无知无欲，战乱和国势衰微却使他失望，他再也不愿在周朝当守护藏室、整理图书档案的官员,便用一头驴子驮起珍贵的竹简,去外地游历了。路过函谷关时,关令尹喜劝他:"您就要走了,请写本书给我吧!"于是老子写了一本对中国文化影响深远的著作《道德经》。

老子在书中说,"天下之至柔,能驰骋天下之至坚"。比如天空中吹着的风,要算柔弱了,但是它却能穿过高山峻岭,穿过人的肌肤,再小的孔隙也能通过。至坚之物往往只能攻一点,比起无孔不入、无处不在的风,就大大逊色了。水是阴柔的象征,至柔之物。但是它却能随圆而圆,随方而方,怀山囊陵,穿石销金,足以战胜许多强者。水乐意滋长万物,而不与万物相争,并甘心停留在最低洼处,安于卑下,又是那样深沉地待机而发。

他道出了一条大自然运行的根本法则。

不是吗,无论是树木花草还是飞禽走兽,乃至堪称万物之灵的人,在生命的运行中,都遵循这样的过程:潜藏生机,萌芽而生;艰难成长,奋发壮大;开花结果,花落叶衰;返回原始,循环不已。

老子自身当也如此。

在天静宫,我遇到了一位举止儒雅的长者。他正给客人娓娓动听地讲述老子文化。攀谈后才知道,他跟我还算是同行。他说,天静宫北依龙山,南临涡河,三面环绕武家河(谷水),可谓抚山枕水,钟灵毓秀。这里曾出土大汶口文化晚期和龙山文化的遗存。早在五千年前,便是人类文明的发祥地之一。我心里不由一动。是的,假如不是秀美富庶之地,怎么可能诞生伟大的思想家?

老子原本是一个凡人。名字李耳,其实是"狸儿"的讹音。因为生于虎年,乳名小老虎,用当地话说就是小狸儿。虽属宋国贵族后裔,但父亲死于战争,年幼失怙。母亲让他拜主管殷商礼乐的官员商容为师。商容以自己的牙与舌为例,启发他懂得守柔处弱的哲理。他从小勤奋好学,常常在涡河与谷水岸边游玩。在走亲戚的途中,他一边看书一边沉思,连走错了路都不知道。涡河是历代漕运要道,是中原地区航运最繁忙的水道之一。涡河之水或激越奔流、翻船覆舟,或蜿蜒流淌、柔弱不争,给了他丰厚的滋养。

阖目冥想,我仿佛看见青年老子独自趺坐在家乡涡河畔,忽而徘徊,忽而静思,忽而吟哦。此刻,波光粼粼的水已不再是水,而是静穆无言的师长,是天地万物、社稷江山、百代人世,是令无穷智慧与深邃思辨任意遨游的载体,也成为他识穷宇宙、道贯人天,立万世之道范,启华夏之绝学的起点。

除了父亲早殇的刺激,他一定还在涡河边见识、经历、参悟了太多风浪。否则,不可能将思想之剑砥砺得如此锋利。

老子学识渊博,声名大震,吸引孔子专程从鲁国赶去问道。返回后,弟子纷纷问老子其人如何?孔子给予极高的评价,他说:"鸟,吾知其能飞;鱼,吾知其能游;兽,吾知其能走。走者可以为罔,游者可以为纶,飞者可以为矰。至于龙吾不能知。其乘风云而上天。吾今日见老子,其犹龙耶!"

或许,正是由于孔子以"犹龙"为赞,老子名扬天下,被神化了。民间传说更是神乎其神,玄而又玄。事实上,老子一生追求低姿态。"道常无名,朴"。道,永远是无名而质朴的。"知人者智,自知者明"。主张清静无为的思想家,当然明白自己究竟要什么。

药香如醪

每个城市都有独特的气息。亳州，一是药香，一是酒香。

清晨，走进位于城南的中药城，扑鼻而至的就是药材气息。分不清是白芍、丹参、甘草、地黄，还是僵蚕、蝉蜕、地龙。沁人心脾的缕缕清香，在空气中氤氲，在眉宇间缭绕，使人心绪宁静，完全忘却了酷暑的燥热。这里，每层楼面每个店铺都摆满了从大自然中采撷的珍宝。尽管看起来琐小、芜杂、平庸或怪异，难免被忽视，但正是它们，在几千年的治病济世中凝聚了非凡的文化。

亳州是华佗的故乡。华佗为救治病人所用的麻沸散，其主要原料曼陀萝，至今还在华祖庵的后院栽种。

华佗钻研岐黄之术而不求仕途。他在自家的房前屋后开辟药圃，种植药材，以高超的医术，被誉为圣手、鼻祖。家乡人也纷纷弃粮种药，使"药都"亳州名副其实地成为中药材集散地。

明清之际，精明的山西、陕西药材商，把握商机，将亳州盛产的"亳芍"运往山、陕，又把西北地区便宜的甘草贩到亳州，很快有了资本原始积累，逐渐成为亳州的大药材商。花戏楼便应运而生。

始建于清顺治十三年（1656）的花戏楼，其实是山陕会馆。药商们将关羽作为武财神供奉，所以它同时又是大关帝庙。从精美绝伦的雕刻、彩绘和罕见的铁旗杆，不难想象，当年的商人们如何在不绝如缕的药香中，一边欣赏舞台上的戏文，一边品尝美酒佳肴，以排遣稠厚的思乡之情。他们手里有钱，为了交接官场，最好的选择是混迹士林，与各色人等周旋，设豪华宴饮，以戏侑酒，当然也可以招待同乡，犒赏自己。当年，这座寄托了药商们无限梦想的楼宇里，丝竹悠扬，觥筹交错，可谁人知晓，有多少偷拭的泪水、由衷的喟叹、周密的计谋正随时光流逝？

花戏楼曾经演过什么戏？砖雕上的"白蛇传""三顾茅庐""郭子仪拜寿""范雎逃秦""吴越之战"等，已经有了清楚的说明。当时是用什么剧种演的？却很少有人讲得清。花戏楼开始建造舞台，是在清康熙初年，昆曲已由盛转衰，官僚、士大夫的家班失去了昔日的繁荣，反而促使职业戏班趋向活跃，逢时过节，宴饮欢聚，富商们招来昆班唱戏，仍是一种时髦的娱乐。地处中原的药都亳州跟富庶的江南城镇并无太多差异。自然，随着被称为"花部"的北方戏曲渐渐崛起，在花戏楼，除了昆腔雅韵，还有地方戏曲。

富丽的花戏楼舞台，既是一个独立建筑，又是关帝庙的重要组成部分。它坐南朝北，台沿前伸，四边有尖尖的翼角。正中悬挂一块油漆斑驳的匾额，上书"演古风今"四个楷体大字，红底金字，十分耐人寻味。上场口和下场口的扇形门额，分别写有"想当然"与"莫须有",这巧妙地点明了戏曲艺术自古以来不变的要旨。舞台前方庭柱上,则悬挂着一副醒目的对联:"一曲阳春唤醒今古梦,两般面孔演尽忠奸情"。联意并不难理解,它说的是演戏,可现实生活又何尝不是如此呢?

三百五十多年,与涡河之水一起东逝。花戏楼大门两侧高高耸立的一对铁旗杆,却依然有飞鸟在杆顶展翅,有蟠龙绕杆起舞,诉说着山陕药商昔日的骄傲,令今天的人们追思往事,寻觅药都之根。

花戏楼的"花",有人说是一个虚字,只是形容雕刻彩绘绚丽夺目、多姿多彩。我想,它或许可与亳州芍药相呼应。每年五月,当牡丹花事寂寥时,芍药殿春而开。一马平川的亳州,布满芍药花田,红的像绒毯,白的似云絮,花光浓艳,妩媚多姿。昆曲《牡丹亭·寻梦》,杜丽娘有一曲【忒忒令】:"那一答可是湖山石边,这一答似牡丹亭畔。嵌雕阑芍药芽儿浅,一丝丝垂杨线,一丢丢榆荚钱。线儿春甚金钱吊转!"被锁在深宅大院里的她,多想像这芍药一样自在,花花草草由人恋,生生死死随人愿,酸酸楚楚无人怨。

关于亳州地方史有这样的记载:"(颍州府)芍药,重台茂密,芳香不散,以亳出者甲于四方。"每临仲春时节,芍药花连畦接畛,绽放得一派妖娆。那花儿,可观,可嗅,也可啖。张衡《南都赋》说:"黄稻鲜鱼,以为芍药,酸甜滋味,百种千名。"居然能用芍花调鲜,甚至做成芍药花酱,让人们的唇舌间都溢满春天的味道。从外形看,牡丹与芍药非常相似。也许都属芍药科,人们往往会在牡丹园里种一些芍药,相互授粉以延长花期。其实两者是有区别的。牡丹为木本植物,而芍药是草本植物。牡丹称"花王",芍药则为"花相"。

和牡丹的浪漫相比,芍药似乎更贴近现实。它不止是用于庭院观赏,在亳州,更是一种地地道道的药材。尤其是白芍,被称为亳芍,《本草纲目》说:"白芍药益脾,能于土中泻木;赤芍药散邪,能行血中之滞。"现代医学研究表明,芍药根含芍药甙、牡丹酚、芍药花甙、苯甲酸等成分,具有增加冠脉流量、改善心肌血流、对抗急性心肌缺血、抑制血小板聚集、镇静、抗溃疡等作用,还能增强机体的免疫功能。正是因为钟情于亳芍,山、陕药商在建造花戏楼时,脑子里缭绕的都是芍药的香气,如酒醪一般令人迷醉。你看,古戏台的梁椽间,最醒目的木雕花饰,就是一朵朵含苞欲放的白芍药,香气如昨。

"亳州",一个十分奇特的城市之姓。三千多年来,这个只用于地名的"亳"字从来也没有改变过。博物馆里,人们将它做成了巨大的甲骨文雕塑。有人解释,"亳"字的含义是"长在高地上的庄稼",也有人说是指高宅大院。但我相信这样的解释:"亳"是会意字,甲骨文中上面一个竖起的男根,乃"且"(祖)是也。下面的高台,意味着是祭祀之地。再下面的乇,象征着植物。既可以是庄稼,也可以是药材。

药香如醪,醉人心腑。沐浴于药香的亳州,以扶病治患为天职,让自己康健,更让无数人康健。医圣华佗在九泉之下绝不会想到,今天的亳州会有如此规模宏伟的中药城,有如此密集的中药饮片工厂……到了亳州,我真正相信,中药是我们的国药。我们的民族,正是在中医中药的庇佑下,走过了漫长的五千年啊!

岳飞的柔肠

岳飞是文武兼备的。驰骋疆场的高级将领与激情满怀的词人,在他身上和谐结合。他有一阕《小重山》,或许不如《满江红·怒发冲冠》那么家喻户晓,却更能让人触摸他丰富的情感世界:

昨夜寒蛩不住鸣。惊回千里梦,已三更。起来独自绕阶行。人悄悄,帘外月胧明。白首为功名。旧山松竹老,阻归程。欲将心事付瑶琴。知音少,弦断有谁听?

寒蛩的低鸣,朦胧的月色。梦回三更,绕阶独行。走出元帅帐的将军,难以入眠,只能借诗词诉说内心的苦闷——他反对妥协投降,相信抗金必定成功;宋高宗和秦桧却力主与金国谈判议和,下达了使他无法反抗的命令。沉郁低回,曲折委婉,情景交织。"欲将心事付瑶琴。知音少,弦断有谁听?"末句悄然透露隐秘的一面。瑶琴何在?知音有谁?古往今来的人们无以知晓。岳飞不只壮怀激烈,也柔肠寸断。

作为抗金英雄的岳飞是民族精神的象征。"精忠报国"四字,与其说是母亲姚太夫人在民族危亡之际,励子从戎,在他背上留下的印记,还不如说是中华民族带泪泣血的呼喊。哪怕岳母刺字的故事含有戏剧意味。

　　成功的男人背后,一定站有伟大的女人。这句话用在岳飞身上也是合适的。除了母亲,夫人李娃于他不仅是情感归宿,更是精神支柱。《金佗祠事录》记载:"夫人名娃,字孝娥,年十八归於王,时政和八年戊戌也。敬事尊嫜,懋著阃德。越己亥,长子云生。及王秉节钺,夫人日夕佐王筹军事。王出军,夫人必至诸将军家存问其妻子,以故能得将士欢,咸愿为王尽死。王尝赴行在,部下军有谋叛者,夫人廉得之,不以言。一日会诸将於门,立命捕斩叛者,一军肃然。"她不仅悉心安抚岳家军将士家眷,在岳飞出军时,还镇定自若地平定部下叛乱,这令人肃然起敬。"撼山易,撼岳家军难",自有李娃的一份功劳。

　　也许正是这样,岳飞十六岁那年娶李娃为妻后,生下五子二女,夫妻俩始终情意笃实,家无姬妾,也不置歌儿舞女。坊间有"岳飞有妻刘氏后改适"的说法,甚至演绎成影视剧,但不可征信。《金佗粹编》《金佗续编》及各地《岳氏宗谱》,都没有刘氏的记载。岳珂《武穆行实编年》有如是记载:"武穆遇诸子尤严,平居不得近酒,为学之暇,使操畚锸,治农圃。曰:稼穑艰难,不可不知也。""武穆奉身俭薄,居家惟御布素,服食器用取足而已,不求华巧。""武穆乐施疏财,不殖资产,不计生事有无,所得锡赉,率以激犒将士。兵食不济,则资粮於私廪,九江有宅一区,聚家族之北来者。有田数顷,尽以赡守冢者。"从中不难看出,岳飞教育子女十分严格,自己生活简朴,却乐施疏财,爱兵如子。这样的情怀,显然与贤内助不无关联。

在当时,同朝的其他将领在杭州都有豪华府第,个个妻妾成群。蜀帅吴玠的一个属官,到鄂州与岳飞商议军事,岳飞设宴招待,始终未见女子陪酒。回蜀后,他与吴玠谈及此事,吴玠花钱二千贯买一士家姑娘连同陪嫁的珠宝玉器,一起赠予岳飞。谁知岳飞却婉言谢绝,把姑娘连同嫁妆全退了回去,他说:"如今国耻未雪,岂是大将安乐时耶?"吴玠对岳飞愈发敬重。还有一次,岳飞出师在外,部僚刘康年私自"书填印纸"向朝廷奏章,请求封岳母为国夫人,并为岳飞的儿子岳雷请求文资。岳飞闻知详情后,立即下令把刘康年捆绑起来,责打五百马鞭。又两次向朝廷写了请罪奏章,请求取消上述封赏。

建炎四年七月,岳飞上奏朝廷的公文中,有这样一段文字:"若蒙朝廷允飞今来所乞,乞将飞母妻为质,免充通泰州镇抚使,止除一淮南东路重难任使,令飞招集兵马,掩杀金贼,收复本路州郡,伺便迤逦收复山东、河北、河东、京畿等路故地。庶使飞平生之志,得以少快,且以尽臣子报君之节。"为了抗金大业,他请求皇帝改变任命,让他冲杀在最前线,去收复失地。宁肯将母亲、妻子作为人质,以表誓死决心。

在国难与家事的抉择中,岳飞的一腔柔肠,在冰冷的铠甲下,被"三十功名尘与土,八千里路云和月"的豪情遮掩了。

"名者公器，不可以多取"

中国历来有"官不修衙"的俗谚。当官的为什么不愿意修衙门？原因有很多种。有人说，衙门修得太豪华，会被人诟病骄奢淫逸。也有人说，修了衙门的官，往往当不长久。然而，官员很愿意修有文化背景的亭台楼阁，作为形象工程。清人钱泳的《履园丛话》，有一则题为"易于传播"，列举多人多个项目：

毕秋帆先生为陕西巡抚重修马嵬驿；伊墨卿太守在惠州重修朝云墓；陈云伯大令在常熟重修河东君墓，皆民事之不甚急者，而易于传播，人人乐道之，何耶？如阮云台宫保提学山东重修郑康成祠，于浙江重修曝书亭，巡抚江西重修玉茗堂；唐陶山方伯令吴时重修桃花庵；林少穆中丞为杭嘉湖道重修放鹤亭；陶云汀制府、梁芷林方伯在苏州重修沧浪亭，并肇建五百名贤祠及梁伯鸾祠；孙渊如观察在山东重修闵子墓，并访义士左伯桃、羊角哀墓于范县之义城寺东，则又在毕秋帆诸公上矣。

巡抚毕沅重修马嵬驿，太守伊秉绶重修王朝云墓，大令陈云伯在常熟重修河东君墓,虽然"皆民事之不甚急者",但由于那些项目"易于传播,人人乐道之",他们无不热衷于此。原来,马嵬驿是杨贵妃死难的地方,王朝云是苏东坡小妾和红颜知己,河东君即"真名妓"柳如是。他们不仅修缮古迹,更是在做文化事业。抓住这些噱头,就很容易提高自己的知名度。这比"民事"要"甚急"得多。

至于阮元在山东重修郑玄祠堂,在浙江重修朱彝尊故居曝书亭;巡抚江西时又重修汤显祖玉茗堂;唐仲冕在当苏州地方官员时重修桃花庵;林则徐在杭州孤山重修放鹤亭;陶澍、梁章钜在苏州重修沧浪亭,并且肇建五百名贤祠……显然是因为这些项目的文化影响力更深远,更便于提升自己的美誉度。钱咏认为,这要比毕沅等人高明一层。

历史的诡谲之处在于这些"有文化"的形象工程,经受了漫漫时光的淘漉,今日大多数依然发挥着各自的作用。或许,这也正是历来的官员们乐此不疲、继往开来的缘由?

比如苏州著名的古典园林沧浪亭,2000年被联合国教科文组织列入《世界遗产名录》,2006年被国务院列为第六批全国重点文物保护单位。游览于此的人们,谁会仔细思量它的种种过往呢?

北宋庆历五年(1045),诗人苏舜钦用公文的废纸换钱宴请同事,遭到言官的口诛笔伐,乃至被开除公职。苏舜钦流寓吴中时,以四万钱购得前吴越王室的南园旧址,傍水构亭名"沧浪",

取"沧浪之水清兮,可以濯吾缨;沧浪之水浊兮,可以濯吾足"之意,并作《沧浪亭记》。他邀请同样被贬谪的欧阳修作《沧浪亭》长诗,两个境遇相同的大诗人得以相互安慰。欧阳修的一句"清风明月本无价,可惜只卖四万钱",令沧浪亭名声大振。

苏舜钦自诩"沧浪翁",是否名副其实,后来人很少深究。沧浪亭作为一种文化存在,却早已被广泛地接受。

2014年被列入《世界遗产名录》的京杭大运河,同样如此。当年,有着一颗浮躁而澎湃的霸主之心的隋炀帝杨广,建东都、凿运河、筑长城、开驰道,在形象工程建设方面不惜血本。今天,泛舟运河时有谁会批判他无能处理个人英雄主义、千秋功业与人民的幸福感三者之间的关系?

名声与公器,其实是一个颇具现实意义的题目。

白居易曾这样说过:"古人云,名者公器,不可以多取。仆是何者,窃时之名已多。既窃时名,又欲窃时之富贵。使石为造物者,肯兼与之乎?"假如你既想窃取名,又想窃取利,造物主肯全都给予你吗? 昔日,陈抟也曾经告诫种放,务必珍惜名声:"名者,古今美器,造物所惜。名之将成,有物败之。"种放后来果然遇到明主,名动天下。但最终他忘乎所以,"丧令闻"。所以名声是一把可畏的双刃剑,名盛则责望备,实不副则訾訾深。很可能会让人无疾而早衰,非罪而得谤。如此看来,啖名不如逃名,逃名不如无名。

这一番理论,将名声视作早衰的根源和招谤的缘由,主张啖名不如逃名,逃名不如无名,未免失之偏颇。但强调"名者公器,不可以多取",则提醒人们,名声是一种社会公共资源,谁也不可轻易取之。一心据为私有,便很可能为名声所累。这十分令人警醒。

有一个故事,涉及宫廷画师阎立本等人。阎立本应旨去游春苑,为喜欢鸟儿的唐太宗作画,事毕后回家,立即告诫儿子道:"吾少好读书属词,今以丹青见知,躬厮役之务,辱莫大焉。尔宜深戒。"他说,我是读书人,以画家著称,却去做厮役的劳务,这是很大的耻辱啊。还有蔡允恭,擅长吟诗作词,隋炀帝每有所赋,总是让他吟讽,以遣教官人。但是蔡允恭并没有为此骄傲,反而感到羞耻。书法家韦诞曾奉魏明帝之命,书写凌云台匾额,被人装载在笼罩中,牵着辘轳往上升,离开地面高达二十五丈。写完匾额,他的满脸须眉竟都变白了。于是他训戒自己的子孙,再也不能用这个办法。

他们不愿意以书画诗词彰显名声,一是害怕被人以伎艺见称,二是害怕同侪的妒恨猜忌,三是害怕许多官吏权贵与自己靠得太近。"甚则人奴贱隶,展转暗托,溷落名号,遂为终身白璧之瑕。"不少人自晦其能,甘于守拙,无疑是不愿意为声名所累。

这些年,不少官员动辄几千万、几亿修建形象工程,不仅看起来颇有文化考量,而且是为了彰显地方知名度。但权力寻租、公器私用的现象并不罕见,因政绩起始、以烂尾告终的项目也不在少数。一些官员为声名所累,应声落马,糟蹋的恰恰是党政干部的形象。"名者公器,不可以多取",这句话讲得多好啊。

天公肯与方便否

盲人文学家张大复的家,位于城河北岸的片玉坊。七间祖传的老屋,粉墙黛瓦,安谧宁静。狭窄的天井里有苍劲的梅树。他赋予诗意的名号:梅花草堂、息庵、苏斋、闻雁斋……除了给人当幕僚和授课以谋生,这位宅男几乎足不出户,以口述笔录的方式写了很多书。

然而,终究不是四通八达的网络时代,张大复日复一日地独坐家中,很需要精神支柱。这一天,一场滂沱大雨后碧空如洗。他想起去年正月十七,梅花已开放得很烂漫,令人神清气爽。但是自己第二天就卧病,淹留至今。今天起床后总算情致不错,胸中洒然,也就不管明朝会怎么样。傍晚,坐在家中待月,一会儿空中浓云倏布,雨意垂垂,刚才又听到了友人王伯符的死讯,不由深深感慨,就在独坐的一日之间,天地与人事竟发生了这么多的变化,实在令人心生悲怆!

他生性喜欢交友。也是天幸,让他结交了当世之贤豪长者。但自从眼睛患病后,行动迟钝,出门应酬时,难免需要照拂而影响别人的欢饮,怕给朋友添麻烦,又唯恐感受到别人的怜悯,他不愿意出去强颜陪侍。为此,他写下《饮酒约》公之于众,希望朋友"慎勿召我"。如果是他请客,菜肴酒食客人不满意,也请不要离席。因为这样一来,他心里的苦楚,将更甚于作客。敬请原谅、宽宥!

思想家自有他独特的生活形态。越是漫无边际地独坐,越向往大自然。他的笔记中,写月、写雨、写泉、写花的奇妙文字比比皆是。用大雁为其伴侣交颈哀鸣、血尽而亡、腹肠寸裂,描绘出动物夫妻的坚贞情感,更令人动容。即便卧病床头,也时常借助诗书与王摩诘(王维)、苏子瞻(苏轼)对面纵谈。要不然,就策杖散步,从片玉坊走向丽泽门外的田垄阡陌。

清月印水,陇麦翻浪。手指如冰,不妨敞裘,着罗衫外。敬问天公,肯与方便否?

天公肯与方便否?这设问有几分洒脱,几分调侃,也有几分哀怨。他的内心世界是极其复杂的。很想最大限度地追求物质与精神的满足,享受人生自由化和生活艺术化,做一个放浪形骸的大玩家,可是颇不如意,乃至处处受阻。他却并不消沉,而是用诙谐幽默的方式去消解困顿,抵达富有意趣的理想境界。

《闻雁斋笔谈》中,他记录了范文正公(范仲淹)的一句诙语:"陶家瓮内,酿成碧绿青黄;措大口中,嚼出宫商角徵。"他觉得诙语由这样方正的人说出来,真是令人绝倒。

在解颐之余,我们领悟到了另一面——病居士生活拮据,举步维艰,却很有士大夫和贵族化的雅趣。明代嘉靖中叶,正是昆山腔改良之时,他所居住的片玉坊,常有许多名曲师、歌唱家、优伶艺人前来聚会,切磋技艺。张大复与汤显祖失之交臂,却有不少书信往来,他与陈继儒、赵瞻云、王怡庵、李季膺以及梁辰鱼之孙梁雪士关系也很友善。在他的笔谈里,很多关于魏良辅、梁辰鱼、汤显祖、俞二娘等人的故事,成为近世研究昆曲起源的依据。假如他不热衷于此,是不可能花费大量笔墨的。

可惜,天公不是很慷慨地给予病居士方便。

纵然如此,张大复仍活得有滋有味。你看《闻曲》一则:

喉中转气,管中转声。其用在喉管之间,而妙出声气之表。故曰:微若丝,发若括。真有得之心,应之手与口。出之手与口,而心不知其所以者。尝听张伯华吹箫,王季昭度曲,庶几至无,而供其求时,骋而要其束……

他描绘的正是昆曲水磨腔的演唱。优雅婉转的水磨腔,功深镕琢,气无烟火,清柔婉折,流丽悠远。细腻、微妙、复杂的男女情感,在绝妙的箫笛声中,水一般流淌,又收放自如,实在令人动容。

读《闻雁斋笔谈》,最值得琢磨的是《古》《今》二则。

"天下无世而非古也",从日旭月朗、水流花开,到商盘周刀、秦碑汉鼎,从尧禅禹继、汤伐秦争,到苏轼之文、米芾之颠……各赴其时,各骋其致——它们在所处的时代,都达到了各自的顶峰。在列举了大量被称为"古"的事与人之后,张大复笔锋一转,说:"世人不解古意,谈古则惊,谈今则笑,亦见其惑之甚矣。噫!不灭古今之号,不破好古之习,而能新天下者,未之有也。"在他看来,世间的万事万物都是自古传到今,有什么异乎寻常的?天下却在不断的创新变化之中。很多人其实不懂得"古"的意义,有着太多疑惑。假如泥古不化、因循守旧,又怎么能够"新天下"呢?

从这些充满哲理的文字,我们可以发现,盲人文学家的眼前并非一团黑暗。他在用自己的心感悟自然,洞察世界。哪怕天公不肯帮忙,也仍然要与时俱进。

对于"今",张大复也以老庄哲学作出解释:"庄子曰:方生方死,方死方生。方可方不可,方不可方可。又曰:其毁也成也,其成也毁也。此今字之注脚也。"在他看来,天下是没有今的。今,只是过去与未来的涉历之关、不离不即之名。一句话说出口,就成了过去;某人说去某个地方,到那儿,也就是到过了那儿。所以,没有什么东西是可以留住的,万事万物都在变化之中。"天地不住之气也,日月不住之两丸也,河山不住之积聚也,人物不住之傀儡也,心不住之幻影也"。

张大复的笔谈,涉及宇宙的本源问题。或许正是如此,他才用自己的文字记载逝去的往昔,孜孜不倦地伏案劳作盼望能留点什么下来,且暗暗叩问:"敬问天公,肯与方便否?"

不食物

梁章钜,清代后期名臣,曾任江苏布政使、甘肃布政使、广西巡抚、江苏巡抚等职。他积极配合林则徐严禁鸦片,成为坚定的抗英禁烟派人物。晚年的梁章钜,著有《浪迹续谈》,记叙江南名胜、风俗、物产及明清戏曲、小说、掌故。其中有一则"不食物单",读来耐人寻味。

他说,袁枚有《随园食单》,不失雅人清致。想自己是由寒俭起家的,不敢学样制作食单,而是把生来所深戒和深恶的菜肴,列为不食物单。"聊示家人,兼饬厨子,以省口舌之烦云"。

在他的"不食物单"中,有牛肉、犬肉,并注明"以上两物,系守祖戒,十数传至今,别房子侄,或有出入,而余本支从未破戒也"。此外,还有水鸡、脚鱼、白鳝、黄鳝、鲥鱼骨、羊肝肺(羊腰同)、猪头肉等。而大肉丸、鸡蛋汤、排骨、香肠、鸡卷、铁雀,也列入名单。这些都是荤菜。素菜则有葛仙米、百合、莼菜、黄瓜、红萝卜、香椿等。他特意列出金瓜,认为它最毒,听说绝大的金瓜藏贮月余,腹中就可能生蛇。显然未必真是如此。

俗话说,萝卜青菜,各有所爱。每个人喜爱吃什么,不喜爱吃什么,跟他自幼养成的习惯有关,也跟个人的生活理念和道德取向有关。梁章钜的"不食物单"里,有些容易理解,有些近乎怪癖。他写入书中,无疑不是信口开河。

然而,梁章钜并不反对美食,而且引用祖父天池公的话来说明讲求精馔的作用:"古人之讲求精馔者,非徒以徇口腹之欲,盖实于养生之道为宜。人不能一日离饮食,若所入皆粗而不精,即难免有损而无益,故《乡党》言'食不厌精,脍不厌细'。"

孔夫子《论语·乡党》中的论述,体现了恪守祭礼食规的主张,以及示敬、慎洁、卫生的思想。他的祖父天池公也认为,假如食物都粗而不精,难免有损而无益。所以,祖父年至八十仍健饮健饭。饭后,常常习文写字,或与人对弈,劳心以助消化,决不饱食终日,无所用心。他每次进餐,旁边没有人陪侍,清酒不过三巡,佳肴也不过三簋。然而不喜欢吃隔夜宿食,吃不完的食物就分给孙辈们。那时梁章钜才七八岁,年方髫龀,深受祖父疼爱,得到的食物最多。其他的孙辈也都可以享用。他说,家里素来贫寒,讲求饮馔的只有祖父一人。五服之内亲戚百十号人,能够享受高寿的,也只有祖父一人而已。

看来,讲求精馔与制定"不食物单",是饮食无法分开的两面。

《浪迹续谈》中还讲述了这么一则故事:"近人又传朱竹坨先生喜食鸭,一日病中梦游一园,园后推门入,有一大池,池中养鸭无数,问池边叟曰:'此鸭属何家?'叟曰:'当尽以供君食耳。'未几病愈。又数十年,病中复梦至其处,宛然旧游地,则池中仅存两鸭,复问人曰:'前此池中鸭甚多,何以今仅剩此?'则曰:'尽被君吃完矣。'答然而醒,从此敕家人永不食鸭。越日,有出嫁女从远乡来省病者,知老人素喜食鸭,携两熟鸭来献,先生嘿然,不数日逝矣……"

清代学者、藏书家朱彝尊先生喜欢吃鸭子。有一次病中梦游,看见园后鸭池中养鸭无数。池边老人告诉他,这些鸭子都是供你食用的。很快,他的病痊愈了。数十年后他又患病,梦中重游故地,发现池中仅存两只鸭。有人告诉他说,原先的很多鸭子都被你吃完了。他从此立下规矩,家人永不吃鸭。后来,有出嫁女给他带来熟鸭两只,朱彝尊沉默着,不几天就仙逝了……这似乎告诉读者,决定不吃了的食物,假如吃了,恐怕会带来预想不到的结果。

事实上,梁章钜一生最重要的"不食物"是鸦片。众所周知,这已经不需要列入清单。

"犁明即起"

梁章钜无疑是一个肯钻研的人。当官,弄清案牍文字的来龙去脉;作文,将词语辨析得清清楚楚。

朱柏庐先生《治家格言》,流传很广,人所皆知。开首第一句是"黎明即起,洒扫庭除"。有一次,梁章钜在旅途中看见墙上有人书写的《格言》,首句却作"犁明即起"。同行的人笑了,认为是误笔。他说，这并没有错。人们都知道"黎明"，而不知道古人恰恰用"犁明"。《史记·吕后纪》注："徐广曰：犁犹比也，诸言犁明者，将明之时。"《索隐》云："犁，黑也，天未明而尚黑也。"用"犁明"合乎古义。

他又说，人们以早晨为"清早"，不知道古人作"侵早"。杜甫《赠崔评事》中有"天子朝侵早"，贾岛《新居诗》中有"门尝侵早开"，王建《宫词》中也有"为报诸王侵早入"。有人认为侵早就是凌晨，写成清早是不对的。然而在杜甫的诗句"老夫清晨梳白头"里，清早即清晨，也没什么不可以。

秀才，是元明以来对书生、读书人的一种称呼。秀才二字，最初见于《管子·小匡篇》："农之子常为农，朴野而不慝，其秀才之能为士者，则足赖也。"梁章钜引用顾炎武先生《日知录》里的一段话加以辨析："唐代举秀才者，止十余人，凡贡举，有博议高才、强学待问、无失俊选者，为秀才，其次明经，其次进士。"唐代选拔秀才，往往只有十来个人，位列明经、进士之上，跟后人的理解颇不一样。《明实录》载："洪武十四年六月丙辰，诏于国子诸生中选才学优等、聪明俊伟之士，得三十七人，命之博极群书，讲明道德经济之学，以期大用，称之曰老秀才。"能派上大用场的，称之为老秀才。如今，这个称呼却令人嫌弃了。

一个马字，在汉语中用法不同，可以有很多种理解。梁章钜引用前人的记载说，猜枚之物曰"拳马"，衡银之物曰"法马"，赌博之物曰"筹马"，以笔画一至九数曰"打马"。这些都是用作数字的。木工的一种工具称之为"作马"（也称木马），插秧之机名"秧马"。纸上画神佛像，祭赛后焚之曰"甲马"，都会水陆之衡曰"马头"，三弦上承弦之物曰"弦马"，净桶曰"马桶"。这些都是象形之马。然而，有人不知道为什么檐铁称"铁马"，船舱内边门称"马门"。梁章钜解释说，铁马无疑是象形，乘马者都从边上走，船舱的边门也是象形。只是人们吃面食，佐以数碟小菜，称作"面马"，不知依据是什么。

一个打字，人们一直都用惯了，其实也有很多层含义。工匠制作金银器不妨称之为打，至于造舟车者曰"打船"，汲水曰"打水"，役夫饷饭曰"打饭"，兵士给衣粮曰"打衣粮"，从者执伞曰"打伞"，以糊黏纸曰"打黏"，以丈尺量地曰"打量"，哪怕名儒硕学的语言，也都是这样。可是翻遍了字书辞典，根本没有如此含义。

梁章钜引用《芦浦笔记》的记载，叙述了打发、打印、打算、打扮、打铺、打叠、打进、打号、打包、打轿、打诨、打供，以及打睡、打嚏、打话、打点、打合、打听、打面、打饼、打百索、打绦、打帘、打蔫、打席、打篱笆等等通用语。他认为，一个打字，从手从丁，都是用手来做这些事的，所以称"打"。这样的说法，得之矣。

治目如治民

梁章钜是清代颇有建树的政治家，也是卓有成就的学者和文学家,是坚定的抗英禁烟派,也是第一个向朝廷提出以"收香港为首务"的督抚。他一生勤于著述,内容涉及政治经济、文化历史、考证实录、笔记丛谈、科学技术、文学艺术等门类。

读《浪迹丛谈》,发现他也写到中医药,且耐人寻味。

他说,自己身体素质较弱,晚年的健康状况似乎比以前好了,大概是常服百岁药酒的作用。但是常常红眼或牙疼,想起以前有人说:"治目如治民,治齿如治兵",仿其意行之而不能,竟迟迟治不好。所以看见旧籍所载或客人谈到治眼治齿的药方,就拿来试试,颇有些效果。记录下来,附在《浪迹丛谈》之后,也算是一份公德心。恰好看到《旧唐书·孟诜传》的一句话:"保身养性者,常须善言莫离口,良药莫离手",就用这个含意吧。

《医学心悟》,是清代程国彭的著作,总结了辨证施治的八纲、八法,因证立方,条分缕析,大多是临床心得之语。梁章钜引用了其中关于眼疾的一段:"目有五轮,合乎五脏,眼眶属脾,为肉轮;红丝属心,为血轮;白色属肺,为气轮;青色属肝,为风轮;瞳人属肾,为水轮。"他说,眼睛其实是五脏精华之所系。患了眼病,必须以辨明虚实为要义。凡是暴赤肿痛,畏日羞明,名曰外障,实证也。久痛昏花,细小沉陷,名曰内障,虚证也。实者由于风热,虚者由于血少,实则散风泻火,虚则滋水养阴。然而散风之后,必须继以养血,眼睛得到血养,就可以看清了。养阴之中,还得加以补气,气旺才能生血。寥寥数语,把道理讲得很清楚。

梁章钜主张用天然水治疗眼病。他说,眼病初起的时候,用洁净的开水,盛在洁净的茶杯里,用洁净的黑色绢布乘热淋洗。假如水混浊了,换水再洗,这样清洗数次,就可以了。水里并不用什么药,所以称之为天然水。

他有一次眼睛红肿,石塘郡童丞濂看见了,问:"为什么不用药水清洗?"他说:"我每天早起,都用洗脸盆中的热水泼洗眼睛一二百下,也常用桑叶煎汤清洗,为什么仍然红肿?"童石塘告诉他:"桑叶水必须加皮硝,一起浓煎,洗眼睛才有效。"后来他采取这样的方法,果然就治愈了。想起自己以往洗眼,药方中少了一味皮硝,于是读民间验方汇编《良方集录》,终于知道皮硝与桑白皮本来就是洗眼的仙方。方法是将这两味药放入新沙罐中,以河水煎透,倾出澄清,待温凉时清洗眼睛,等一会儿再洗。每月只洗一天,但从早到晚要洗十余遍。每天清晨起来,斋戒焚香,面向东清洗眼睛。病患轻的,一年内可以见效,老年患重者,三十六个月定能复明如初。

《良方集录》的作者说,这个方子经翁覃溪师面授,据说是得异人所传,老师洗了四十年,当时老师已年逾八十。中年时,每年元旦,他用瓜子仁大小的小楷书写"金殿当头紫阁重"绝句一首。六十岁后,以胡麻十粒黏在红纸上,每粒写"天下太平"四字。但是到戊寅年元旦,写到第七粒,眼力疲倦,已不能成书,感叹道:"我衰老矣!"果然,这年正月二十七日,就西归道山了。

治目如治民,这句话看来真是有道理。

怪人龚自珍

正当万马齐喑、异常烦闷的暴风雨来临前夕,晚年龚自珍自京城南下,居住在昆山羽琌山馆。好友魏源在扬州仓巷有一座絜园,每次经过扬州,便寓居于絜园秋实轩。龚自珍曾为絜园题写过一副对联:"读万卷书,行万里路;总一代典,成一家言。"从中可以读出很多含义。有一次,龚自珍与客人在秋实轩高谈阔论,手舞足蹈间,竟然将靴子踢飞了。送客时到处寻找靴子,怎么也找不到。几天后,才发现靴子竟在帐子顶上。

魏源的孙子魏季子,写有《羽琌山民逸事》,记载了龚自珍许多逸事,"飞靴"就是其中一则。

龚自珍一直渴望能有经世济民,安邦定国的机会。他投身于科举,固然因为这是读书人的唯一途径,但更为了借此进入国家权力的核心,实现自己的政治理想。清道光三年(1823),叔父龚守正任会试同考官,龚自珍照例回避,不能参加会试,母亲段驯还专门写诗,以"会见天街汝遍看"(《珍儿不予会试,试以慰之》)来劝慰他。己丑年四月二十八日,龚自珍应廷试,第一个交卷出场,友人恭维他"君定大魁"。他却嗤鼻说道:"看伊家国运何如。"自己能否夺魁,却是关乎清王朝国运的事。可见龚自珍抱负之大、自视之高。

　　对于科举,龚自珍有自己的看法。有一次,他去拜访身为礼部尚书的叔父龚守正。叔侄尚未寒暄几句,就有人通报,有一位门生求见。来人新近点了翰林,正春风得意呢。龚自珍只好暂去耳房回避,外间的交谈倒是听得很清楚。尚书问门生最近忙些什么,门生回答,也没啥要紧的事,平日只是临摹字帖,在书法上用点工夫。尚书夸奖道:"朝考无论大小,首要的是字体端庄,墨迹浓厚,点画工稳。若是书法一流,博得功名直如探囊取物!"门生正恭聆教诲,龚自珍却忍不住在隔壁哂笑道:"翰林学问,不过如此!"听到这话,那位门生很是窘迫,慌忙告辞。尚书勃然大怒,将龚自珍训斥了一番,叔侄间闹翻了脸。

　　龚自珍未入翰苑,抑郁不平。他干脆让女儿、媳妇、小妾、婢女都每天临池,专练馆阁体。若是有人说翰林如何了不起,他便嗤之以鼻:"如今的翰林还值得一提吗?我家的女流之辈,没有一人不可入翰林。不凭别的,单凭那手馆阁体的毛笔字,就绝对够格!"

　　从青少年时代起,龚自珍就随从父亲奔走南北,与硕学名士、潦倒文人、草野侠客、山林隐士、市井小民、勾栏妓女都有往来。他挥金如土,待等囊中羞涩,又向友人告贷。在扬州,不但吃喝都在好友魏源的挈园,甚至连身上的衣服、脚上的靴,也是魏源的。有一次,他从金陵回扬州,身上的白狐裘上半部挺新,下半截却都是泥污。原来,这两天雪雨交加,寒风彻骨,朋友送给他白狐裘御寒。他身材短小,又不知裁改,狐裘拖在泥水中竟浑然不觉。

魏季子还记述了这样一则故事:羽琌山民龚自珍"有异表,四项中凹,额罄下而颏上印,短矮精悍,两目炯炯,语言多滑稽,面常数日弗盥沐",这位思想家、大诗人是不喜欢盥洗的,甚至一连几天都不洗脸。魏源让仆人端了脸盆恭伺,他竟大发雷霆,说我一向不喜欢盥洗,你让仆人这样做,不是轻侮我吗?魏源只好赔着笑脸道歉。

龚自珍爱读书。每天早晨,"仆人置槃香一,淡巴菇一,巨罂旁置一烟筒而计甚钜,山民日坐其间,无他事焉"。在盘香和烟草的袅袅云雾中看书看得倦了,即沉沉睡去。虽然穿衣戴帽,仍不管不顾。仆人如果要为他解脱,反而被他呵斥驱赶。这才真正是手不释卷。

龚自珍作文写诗时嬉笑怒骂,纵横恣肆,字里行间洋溢激情,在生活中也是"性不喜修饰,故衣残履,十年不更",被称为龚呆子,更有人说他是狂士、怪物。然而他怪得有理而有节。众所周知,"我劝天公重抖擞,不拘一格降人才"是龚自珍的名句。假如他始终拘拘谨谨,能在近代中国"大变忽开"之际,写出如此振聋发聩的诗句吗?

龚自珍这位"不依恒格"的"呆子""怪人",在政治思想、文学风格和生活方式等方面,都显得异乎寻常。鸦片战争前二十年,大多数人对清政府面临的社会危机毫无觉察,龚自珍却已洞悉危亡局势。作为启蒙思想家,对于时代脉搏律动的把握,他有非凡的洞察力。而作为卓越的散文家,他的诸多佳作,充溢着强烈的忧患意识,处处体现对民族前途命运的关注,振聋发聩,撼人心魄。

清道光三年(1823)七月,因为母亲逝世,龚自珍按礼制解职奔丧。随后在杭州花园埂的墓地旁搭建庐屋守孝。在此期间,他写下了不少文章。其中包括寓言体散文《捕蜮》:

……今者有蜮。蜮,一名射工,是性善忌,人衣裳略有文采者辄忌,不忌缞经,能含沙射人影,人不能见,必反书之名字而后噬之。捕之如何?法用蔽影草七茎,自障蔽,则蜮不见人影。又用方诸,取月中水洗眼,著纯墨衣,则人反见蜮,可趋入蜮群。趋入蜮群,则蜮眩瞀……蜮死,烹其肝,大吉!(《定盦续集》卷四"捕蜮第一")

蜮,是传说中一种害人的怪物。它隐蔽在水中,人看不见它,它却看见人影就含沙喷射,并且把受伤害的人的名字倒过来书写,然后撕咬。这让人想起美国科幻大片的某些惯用模式。怎样捕获之、杀死之?龚自珍在占卜书里寻找方术,又向天神叩求捕蜮之法。他用七根隐形草遮蔽自己,用方形铜镜收集起露水擦洗眼睛,穿着纯黑色的衣服,进入蜮群。蜮在昏眩中怎么也看不清。他嘴里念了四遍咒语,终于将蜮捕获,并且烹煮了它的肝,这才上上大吉。

乍一看,这篇寓言散文似乎只是一个惩恶扬善的故事。作者认清了蜮的憎恶面目,并借助于神秘的超自然力量,终于将其制服。事实上,在超凡的想象力和神异色彩的背后,龚自珍不仅寄寓了自己的境遇与情感,更用蜮比喻那些忌妒成性、颠倒是非、暗害忠良的坏人,表达了彻底铲除害人虫的凛然气概。

写作这篇散文时,龚自珍因守孝而获得了一个暂时离开官场,免受伤害的机会。住在荒郊庐屋,他也许能更加冷静地观察社会,思考人生。想起在京城担任内阁中书,目睹许多"衣裳略有文采者"(也应该包括他自身)被恶意中伤,对世事炎凉、人生冷暖有了深切的体味。如今,自己虽是缞绖之人——身穿麻布做的孝服在墓地守孝,陷入困厄,却反而容易与山川神祇沟通。洞察一切的天神告诉自己,一定能担当起铲除那些含沙射影、倒行逆施的害人虫的重任。

在《捕蜮》之后,他又写下了《捕熊罴鸱鸮财狼第二》《捕狗蝇蚂蚁蚤蟹蚊虻第三》。写作这三篇寓言体散文时,他"庐墓墅居,于彼郊野,魂飞飞以朝征,魄凄凄而夕处",几乎是触景生情,于晦暗中渴求朝暾。如果说,他将"蜮"比喻为妒贤嫉能、暗中伤人的权势小人,那么将"熊罴鸱鸮财狼"比喻为以怨报德、欺凌柔弱的凶残之人,"狗蝇蚂蚁蚤蟹蚊虻"则比喻成嗜血成性、懵懂无知的杂种。这些没有人性的东西,要用各种方法去"捕",第一种是神秘法,第二种是色柔内刚法,第三种是悲悯法。他说这些法子都是"法则上古"的。

大约在十六年后,龚自珍又写下了名篇《病梅馆记》。这篇文章一向被认为是杂文、议论文,其实从借梅言志、托梅议政的内涵看,也是一篇寓言体散文。也许是巧合,当年将母亲安葬于花园埂时,他也在墓地种植了五十株梅树。他对梅树有特殊的喜爱。

由于"江浙之梅皆病","文人画士之祸之烈至此哉",他买了三百盆病梅,也是无一完者。梅树的病态之美,竟然使他"泣之三日",哀怜、激愤、感慨,不一而足。为病梅而哭,哭的当然不是那些被扭曲的枝丫。哭过了,下决心给予疗救。疗梅的方法是"纵之顺之"、"毁其盆"、"悉埋于地"、"解其棕缚"。看起来很简单,只是按照梅树的天性,恢复其本来面貌,让它们在自由的天地里健康生长。然而,他字字句句在写梅,透露的意蕴却是呼吁人才的自由发展和个性解放。曲折含蓄的手法,表现出一个深刻的主题:假如仍然按照封建的规矩束缚人、奴役人,人才遭受摧残,社会必将毁灭。

他不仅仅俯视病梅产生的社会现实,洞察到产生病梅的社会根由,还时不我待地付诸行动,"予购三百盆"、"誓疗之",行动何等果敢。昔日写《捕蜮》时,还有赖于神秘的超自然力量,如今却改变了,他觉得应该相信自己的努力。他当初有写作《捕龙蛇虎豹文第四》的打算,后来放弃了,也绝非一时起意。

洞察一切的天神似乎还存在。但是在龚自珍看来,面对衰败的社会现实,天神不能够无动于衷,袖手旁观。他奉劝天神,必须重新抖擞精神,不拘一格降人才。在《己亥杂诗·其二百四十一》《己亥杂诗·其二百二十》中的"少年尊隐有高文""九州生气恃风雷"这两句诗中,他所抒发的激情,是确信前所未有的、巨大的时代变化必然到来。"风雷"的爆发,将以扫荡一切的迅疾气势,打破那令人窒息、一片死气沉沉的局面。

从这个意义上看,龚自珍是一个积极的用世者和救世者。

当了吴县令的袁宏道

江南自古是富庶安逸的,苏州尤其如此。明万历二十三年(1595),在考取进士三年后,二十八岁的袁宏道有机会担任吴县(今苏州)县令。

苏州的繁华秀美,令这位风流倜傥的湖北籍文学家感到震惊。那么,后来成为"性灵文学"主将的文学家,究竟是怎样当官的,他真的是如愿以偿了吗?

刚刚踏入吴县的土地,袁宏道自然是信心满满。他在给林下先生(他的舅舅龚惟长,官至兵部员外郎)的信中,为天堂般的生活所感慨,油然引发联想,随即提出了人生的五大理想目标。他说:

然真乐有五,不可不知。目极世间之色,耳极世间之声,身极世间之鲜,口极世间之谭,一快活也。堂前列鼎,堂后度曲,宾客满席,男妓舄,烛气熏天,珠翠委地,金钱不足,继以田土,二快活也。箧中藏万卷书,书皆珍异。宅畔置一馆,馆中约真正同心友十余人,人中立一识见极高,如司马迁、罗贯中、关汉卿者为主,分曹部署,各成一书,远文唐宋酸儒之陋,近完一代未竟之篇,三快活也。千金买一舟,舟中置鼓吹一部,妓妾数人,游闲数人,泛家浮宅,不知老之将至,四快活也。然人生受用至此,不及十年,家资田地荡尽矣。然后一身狼狈,朝不谋夕,托钵歌妓之院,分餐孤老之盘,往来乡亲,恬不为怪,五快活也。(见《袁宏道集笺校》卷五)

这五大理想目标,既有物质的,也有精神的,堪称是世间的"真乐"。哪怕能达到其中之一,也可以"生可无愧,死可不朽"了。

袁宏道认为:"古来圣贤,公孙朝穆、谢安、孙玚辈,皆信得此一着及,所以他一生受用。不然,与东邻某子甲蒿目而死者何异哉!"他所提及的嗣宗即阮籍,安石即谢安,乐天即白居易,子瞻即苏轼。顾阿瑛是元末富豪、诗人,轻财结客。顾阿瑛在阳澄湖畔构筑玉山佳处,有二十四座楼堂馆所,以创办玉山雅集闻名天下。

众所周知,旧时代衙门前的街道,往往是饭馆密集之处。在衙门从事公职的人,被官司缠身未知输赢的人,从郊外进城来不及回家用餐的人,都可能走进饭馆。在吃饭喝酒的同时开展某些社交活动。酒菜是手段,打好官司才是目的。谁都明白打官司并非小事,深谙此道、擅长钻营的胥吏,在正规的法律程序之外,常常掌握一定的操作空间。他们的诉讼业务从不在公堂之上办理,而往往在饭馆的觥筹交错中进行。

在这种情况下,袁宏道的"升米公事"就分外引人瞩目。

袁中道的《珂雪斋集》中,对二哥袁宏道担任吴县县令时的廉洁作风,有过这样的描述:

> 公机神朗彻,遇一切物态,如镜取影,即巧幻莫如吴门,而终不得遁,故遁词恒片语而折,呧嗟狱具,吴人谓之"升米公事"。自非重情,无所罚赎,杖之示惩而已。以故署门酒家萧条,皆移去……居常不发私书,尘复函数寸,期年而政已成。公为令清次骨,才敏捷甚,一县大治。

一升米,大约一斤六两。"升米公事",形象地显示了极其低廉的行政成本。这其实是袁宏道"机神朗彻"地审理案件的结果。与之相对应的,是官署前萧条的街道酒家纷纷移到了别处。"清次骨,才敏捷"的袁宏道,就这样让吴县得以大治。

然而,世界上的很多事情,往往会超乎人们的想象。

尽管袁宏道很想当一个好官,在任上勤于政事,判案果断,关心民瘼,颇受老百姓的拥戴,却招致了某些人的不满和阴损。尤其令他难耐的,是吏事繁杂,让他不得不感慨:"人生作吏甚苦,而作令为尤苦,若作吴令则其苦万万倍,直牛马不若矣。"

在骨子里袁宏道是一个文学家,充满了艺术灵性,然而终究缺乏官场历练,对吴县令任上将会发生的一切估计不足,现实与理想的碰撞与反差,更使不谙潜规则的他一时难以接受。

身为县令,必须亲自收赋税,断刑狱,"所对者,鹑衣百结之粮长,簧口利舌之刁民,及虮虱满身之囚徒耳"。吴县乃繁华之地,也是赋税之地。上官来,墨客往,终日迎迓承奉,小心翼翼,唯恐在细微处得罪了某位要员。他自知并不愚蠢,也很想适应复杂环境,却怎么也不服官场水土。满腹的苦水只得向友人述说,以排遣忧愁。

袁宏道给时任萧山知县的好友沈凤翔写信道:"上官如云,过客如雨,簿书如山,钱谷如海,朝夕趋承检点,尚恐不及,苦哉,苦哉!"给沈存肃的书信说:"钱谷多如牛毛,人情茫如风影,过客积如蚊虫,官长尊如阎老。以故七尺之躯,疲于奔命。"给丘长孺的书信说:"弟作令备极丑态,不可名状。大约遇上官则奴,候过客则妓,治钱谷则仓老人,谕百姓则保山婆。一日之间,百暖百寒、乍阴乍阳,人间恶趣,令一身尝尽矣。"

在给同道写信诉苦时,袁宏道丝毫也不给自己留面子,全然是撕开了伤疤给人看。他无疑想说明,要在吴县这样的地方做官,做出一点名堂来,必须有一番真本事。在给李本建的书信中,他形象地比喻说,好似小孩子吵着想吃蜡糖人,不停地啼哭,待到一下口,却唯恐唾不干净。当官的滋味,也差不多是这样。

才第二年,袁宏道就向上司表示,自己再也不想干了。辞职的理由不言而喻。

顺便说一句,在袁宏道以后的清康熙二年(1663),有一个名叫孙启元的,刚刚上任吴县知县,不到一个月便上吊自尽。究其原因,一是他体弱多病,难以承受繁重的政务;二是不擅处理与地方社会势力的关系。理想与现实产生的反差,令他压力倍增,重负不堪。

离开吴县后,无官一身轻的袁宏道,遍游东南名胜。接连三个多月徜徉于无锡、杭州、绍兴、桐庐、歙县的佳山秀水间,与友人陶望龄、潘景升等诗酒酬答,奇文共赏。他因而自诩"诗学大进,诗集大饶,诗肠大宽,诗眼大阔"。

但,万历二十六年(1598),赋诗谈文,宣传"性灵说"很久的袁宏道再次当官,起为顺天府(今属北京)教授。次年迁国子监助教。第三年补礼部仪制清吏司主事。两年后,因兄长袁宗道去世,请假回归。在故乡湖北公安县城南柳浪湖畔,与少年旧友吟诗作文,寄趣山水。

在此期间,他给友人写了不少信札。我们不妨挑选其中的四封作一解读(见《精选当代各名公短札字字珠》明许以忠选编)。

其一,写给龚惟学,即袁氏三兄弟的舅舅。信上说:"客居柳浪馆,晓起看水光绿畴,顿忘栉沐。晨供后率稚川诸闲人,杖而入村落。日晡棹小舟,以一桡划水,多载不过三人。晚则读书。尽一二刻灯下,聚诸衲掷十法界谱敛负金放生。暇即拈韵赋题,率尔唱和,不拘声律。闲中行径如此,聊述之去庋,以当一夕佳话也。"他描绘的是自己在柳浪湖畔的散淡生活。已经绝意进仕，寄情于山水，却依然在柳浪馆读书、赋诗。对于性灵文学，自是好事。

其二，写给曾任国子监祭酒的文学家陶望龄。他离开吴县以后，就是由陶望龄陪伴，在绍兴游览了越中山水。在陶望龄家，袁中郎读到徐文长的《阙编》诗，惊讶地跳起来，大声叫好，连睡着的童仆都被吵醒了。"会胡太六，知社中兄弟近益精进。弟谓，诸兄纯是人参甘草，药中之至醇者。若弟，直是巴豆大黄，腹中闷饱时亦有些子功效也"。信札很短小，不过寥寥数行，却巧妙地以补药比喻别人，以泻药比喻自己，满是诙谐，且形象地透露了内心的无限意趣。

其三，写给王百榖，即文学家、书法家王穉登："每逢吴僧来，辄首询百榖。闻动履倍常，则大喜。谓风雅道衰，尚赖此老成人撑持也。明春入台荡，取道两洞庭百城烟水中，首叩大知识。想翁不作德云面孔，费不肖七日草鞋钱也。"王穉登是袁中郎任吴县令时的朋友，回到故乡公安后，他常常打听王百榖的消息，打算明年春天出游时叩访这位"大知识"。为了彼此的情谊，将耗费"七日草鞋钱"，实在是很幽默。

其四，写给苏潜夫。他说："弟此一条懒筋真难拔，大人频以为言。自思入仕十五年，丝毫无益于白发，而又重其怒。真不成人也。夫弟岂以静退为高者哉？一亭一沼，讨些子便宜，是弟极不成才处。若谓弟以是为高，则弟子眼如双黑豆而已。"潜夫即苏维霖，文学家、佛教居士，与公安三袁（袁宗道、袁宏道、袁中道兄弟)结为挚友,经常一起交流文学和佛学心得。在信札中,袁中郎不无自嘲地讲述自己脱离官场的心态,读来令人莞尔。

抱着"宁乞食而不悔"的心志,袁宏道在柳浪湖一住就是六年,直至万历三十四年(1606)才返京任职,官至吏部考功员外郎。

重新踏进官场后,他的注意力仍然放在戏曲、小说的研究上。自然也写出了许多脍炙人口的性灵文学作品。事实上,这四封信札既直抒胸臆,又不失情趣意味,也完全可以作为随笔来读。还为他不愿蹭蹬官场,宁肯浪迹山河,提供了可贵的研究资料。

祝允明的"左手"

明代苏州文人祝允明,即祝枝山,常常以足智多谋、能言善辩的形象,出现在《三笑》《王老虎抢亲》等众多的通俗艺术作品中,被人们所熟知。祝允明能诗文,工书法,特别是他的狂草与唐伯虎的画享有同等的声誉。因为右手有六个手指,自号"枝指生"。事实上,祝允明的左手正常而健全——他一生写下了不少著作,有《怀星堂集》三十卷、《苏材小纂》六卷、《祝子罪知录》七卷等。

明成化二十一年(1485),二十六岁的祝允明在家居父、祖之丧,遂闭门读书。有所品悟,信手笺记,汇编成了一册《读书笔记》。《读书笔记》皆为语录体,短小精悍,且都系于内心感受。开篇第一条就说:"学贵有常,又贵日新。日新若异于有常,然有常日新之本也。"把读书求学作为一种日常,在日常中觅新异,这是他最看重的。

他又以鸡鸣、狗吠作比喻,谈人性坚贞的可贵:"鸡司晨,犬儆夜,彼固全其信义之性也。若犹未足贵也,使鸡处无人之地,犬遭箠朴之苦,若可改矣而不改焉。斯尤赋性之坚贞可贵也。为人而失其性,不失或改焉者,视鸡犬为何如?"把鸡放到没有人的地方,让狗遭受拷打之苦,它们仍不会改变信义之性。相比而言,有时候人还不如它们呢。

所以祝允明强调:"君子之于人,取其信,取其孙,取其清,取其贞,它无计焉尔。"君子如何做人?要讲信义,要看长远(孙的本意是人与人的血缘关系),要重清白,要守坚贞,除此以外还能有什么呢?

继而,他又谈及君子的自我修养:"君子之治心也,犹权之秤物也,过则损之,不及则克之。斯平矣。然权之取平以人,而心取平,即以心耳。不处之重,不内之轻,斯吾心之权乎?"人的内心,犹如一杆秤,始终要权量轻重,保持平衡。不因外界压力而加重,不因内心松弛而减轻。"高不虚也,卑不污也,明而无耀也,闇而无昧也。张乎其博而非空也,敛乎其约而非隘也。不偏焉,不倚焉,其中也。而莫过莫不及也,心之本体盖如此"。他认为,人居高位而不虚空,身处卑贱而不污秽,明亮却不耀眼,幽暗却不漠视,舒张博大而不空洞,收敛控约而不狭隘,不偏不倚,执其两端用其中,这或许正是人心本体应该有的状态。

二十八岁时,祝允明写了《蚕衣》一组,分为通时、遂质、补败、成用、扬权五篇。到六十二岁时,他以行草书写《蚕衣》长卷,点画圆润,酣畅流动,被誉为极富洒脱之致,前几年在拍卖会上达到了很高的价位。或许是他书法家的名声太大,盖过了文学上的影响力。

许慎将茧称作蚕衣。《说文解字》:"茧,蚕衣也。衣者,依也。蚕所依曰蚕衣。蚕不自有其衣，而以其衣衣天下。此圣人之所取法也。"蚕不自有其衣，而以其衣衣天下，这把蚕提升到了很高的道德层面。

在古人的眼里，蚕的一生，从蚕卵到幼虫到蛹，似乎很像是人的一生。所以，人死后灵魂升天，也仿佛蚕蛹化蛾，只要用丝绸将尸体包裹起来，他就能羽化升天。这成为丝绸起源的文化契机。何况丝绸从来就不是普普通通的服饰材料。人们将丝织品种分类成绢、纱、绮、绫、罗、锦、缎、缂丝等，多达十四个品类。用今天的目光看，蚕衣最大的功劳，是开辟了丝绸之路，实现了中国与世界各国的友好往来。

当年往来于丝绸之路的，主要是商人，或者那些具有非凡毅力、坚定信仰和坚韧不拔的人（包括僧侣）。他们要走过茫茫戈壁，翻越帕米尔高原，时刻都有很大风险。后来走海上，也有另一番艰难险阻。这让不同肤色不同语言的人们结成命运共同体。丝绸之路既是一条商品贸易之路、文化交融之路，也是他们的生命之路。

明清时代，拥有"日出万绸，衣被天下"美誉的江南，成为丝绸之路的一个驱动源。祝允明为什么对蚕衣兴味盎然？在他的眼里，蚕衣不仅仅遮身避寒，妆扮形体，成用补败，更足以寄托人们的无限情感，怎么能不发文章予以表昭呢？

祝允明于明弘治五年（1492）考中举人，但后来却久试不第。正德九年（1514），被任命为广东兴宁县知县，在岭南待了五年。

正德十三年（1518），六十三岁时升任应天府（今南京）通判，正六品官员。他在应天府前后只任一年就称病还乡了，但是这一年对他十分重要。不仅因为"祝京兆"这个称号由此而来，还是他在任上还留下不少传世之作。

成化十四年（1478），祝允明十八岁时，娶李应祯之女为妻。岳父李应祯，长洲（今苏州）人，景泰四年举人，选授中书舍人，迁南兵部郎中，以南京太仆少卿致仕，人称李少卿。祝家世代为官，祖父祝颢，官至山西布政司右参议专事督粮，与李家堪称门当户对。

李应祯是一个有名的书法家。他在晚年说，自己学习书法四十年才开始有所得。他给后人留下的尺牍，秀丽而又有气度，行笔自然大方，横向取势的撇、捺、横生动有致。字的大小和粗细变化显得十分自然。这种富于抒情性的行草书，对祝允明有很深刻的影响。

祝允明自幼就聪慧过人，五岁时就能书写一尺见方的大字，九岁时会作诗，入学后博览群书，所写诗文颇有奇气。他说，祖父、岳父都不让他学近代人的字，看的都是晋唐人的字帖。他曾跟从岳父学习书法十几年。尤其是岳父强调的"性功须并重，超然出神采"的书风，让祝允明牢记不忘，为日后书法艺术的发展奠定了很好的基础。

事实上，祝允明并非局限于书画诗赋，他也时时关注家国大事。正德七年（1512）闰五月二十六日，祝允明写下《上俞都宪论备贼事宜状》一文,陈述南京守备之事,成为他诸多文章中引人瞩目的一篇。当时祝允明在南京,见海上倭寇入侵,防卫形势紧急,立即上书俞都宪,提出了如何防备的策略,并毛遂自荐。由此可以看出,他对时事不只是关注,更献计献策,用心良苦。

祝允明在南京,曾写下《金陵眺古》一首:"绿谢平芜野烧乾,西风吹雨打长干。盘龙去后金钗饷,擒虎来时玉树残。结绮阁中香烛歇,景阳楼下水花寒。秦人岂识千年后,终古神州奠石盘。"诗句中,显现了他对六朝古都金陵的挚爱,表达了虎踞龙盘,神州安定的愿望。这与他陈述南京守备之事是一以贯之的。

政务之余,祝允明的书法、文学创作卓有成效。我们从日本学者藤原有仁的《祝允明年谱》及有关史料,不难排列出他在此期间给后世留下的十多件佳作。作为明代中期极负盛名的书法家之一,祝允明的书法博采众长,远法晋唐,师法古人而不泥于古法,呈现独特的书法风貌,自成一家。明人谓其书:"出入晋魏,晚益奇纵,为国朝第一。"

祝允明右手书画、左手文学,给人的印象是右侧放浪不羁、左侧却坚守准则。晚年的他在《答张天赋秀才书》《祝子罪知录》等作品中,不惜痛斥理学的狭隘视野所带来的相互攻讦、急功近利的社会风气,并且质疑程、朱两人的独尊地位:"必以(程朱)为集大成,都废前烈,前无古人,后无来者,后百千年,一守不迁,不知可不可也,抑不知果能如所望否也。"

我们从他的著作《前闻记》可以看出,他十分关注朱元璋定都南京后的政治制度,对于节俭、养廉表示热烈拥护的态度。

祝允明说:"今士庶所戴方顶大巾,相传太祖皇帝召会稽杨维桢,维桢戴此以见,上问:'所戴何巾?'维桢对曰:'四方平定巾。'上悦,遂令士庶依其制戴。或谓有司初进样,方直其顶,上以手按偃落后,俨如'民'字形,遂为定制。"明人所戴的方顶大巾,相传最早见于杨维桢,由明太祖朱元璋钦定。祝允明认为,称为"四方平定巾"的软巾制度,其实是由礼部根据士民的头巾样制整理,再由明太祖钦定。并规定,凡违制者,卖人买人同罪,跟杨维桢关系不大。

又说:"洪武二十三年九月二十四日,上谓礼部左侍郎张衡、左都御史詹徽等,以有司公宴扰民,今后支与官钞,布政司一千贯以下衙门令衡等详定。十月初八日,衡等遂奏准行,移各官司遵守。凡遇正旦、冬至、圣节,筵宴节钱,就于彼处官钱内支给,其无府州县都司卫所行移附近,有司关用。"因为官府以公款宴请,铺张扰民,明太祖让礼部左侍郎张衡、左都御史詹徽等拟定有关条例,经奏准后交各官府执行。不仅明确开支如何列项,还规定了各级官府可用数额,这显然是为了节约民帑。

祝允明还记述,洪武二十九年(1396),明太祖赐予每个前来朝觐的司官盘缠费一百贯,在任官员每年柴炭费五十贯。祝允明认为这正是养廉之意。

左宗棠的"余沈"

湘、资、沅、澧四江襟带的湖南,历来是出大政治家、大军事家的地方。命运对于左宗棠的青睐却姗姗迟来。清咸丰二年(1852),始终蛰居乡间,半耕半读,已有四十一岁的左宗棠,总算得到机会,来到湖南巡抚张亮基手下,当了"刑名师爷"。两年后张亮基升迁为湖广总督,他复入湖南巡抚骆秉章幕僚,干了六年之久。

左宗棠自号"今亮",是把自己比作今天的诸葛孔明。他的恃才傲物、锋芒毕露,与曾国藩的言语迟讷、为人拙诚形成鲜明对比。曾国藩并不与他同僚,却因都在湖南,相互之间便有许多交往。

曾国藩遇事宽宏大度,将左宗棠的才华看得很重。咸丰六年(1856)正月,由于曾国藩奏报左宗棠接济军饷有功,朝廷任命左宗棠为兵部郎中。他偏偏在没有意识到无数嫉妒的眼睛时,遇上了樊燮事件。樊燮是永州镇总兵,他私役兵弁,挪用公款,造成了极坏的影响。左宗棠按捺不住内心的愤怨,代巡抚骆秉章拟了一份奏折,劾请朝廷将樊燮撤职查办。谁知樊燮得到消息,反而向湖广总督官文诬告左宗棠。官文为人颟顸,还没弄清真伪，便将案子报到了朝廷。朝廷传左宗棠到武昌对簿公堂。咸丰皇帝甚至密令官文，"如左宗棠有不法情事，可即就地正法"。

这件事，让朝廷上下无不为之震惊。许多有正义感的人上疏为左宗棠辩护，说明他是被诬告的。在舆论压力下，咸丰下达了"弃瑕录用"的旨意。于是官文不再催左宗棠往武昌对簿公堂，草草了结这件无头公案。但左宗棠的心已经冷了，他离开长沙，准备北上京师参加会考。到达湖北襄阳那天，恰好风雪弥漫，气温骤降，天空像人的心情一样灰暗。未及安定，突然收到胡林翼的一封密信。信中说："言含沙者意犹未慊，网罗四布，足为寒心。"很想为江山社稷的兴盛一展身手，竟反遭诬陷。此情此景，让左宗棠痛感世事的难料、命运的多舛。

也许是他命不该绝，机会悄悄出现了。四月初一，皇帝有特旨询问曾国藩，当太平军"贼氛甚炽"时，能否令左宗棠仍在湖南本地襄办团练等事，抑或调任他职。曾国藩很快上奏，说明左宗棠"刚明耐苦，晓畅兵机"，当前局势严峻，需要用人，起用左宗棠，他必然能感激图报，有裨时局。当月，朝廷便令左宗棠"以四品京堂候补，随同曾国藩襄办军务"。正式成为曾国藩的幕僚后，左宗棠回湖南募集兵勇，并开赴江西战场。没过几个月，左宗棠率领的军队就在江西连克德兴、婺源，士气大增。曾国藩专门为他和部属报功请赏，在奏报中追述了左宗棠历来的战绩，说："初立新军，骤当大敌，昼而跃马入阵，暮而治事达旦，实属勤劳异常。"左宗棠因而晋升为候补三品京堂。

接下来的情况更具有戏剧性。咸丰十一年（1861）四月初二，曾国藩上奏恳请将左宗棠襄办军务改为帮办军务，朝廷立即照准。同年十一月十六日，曾国藩根据闽浙总督庆瑞、浙江巡抚王有龄之请，奏请派左宗棠援浙，并将在江西广信、广丰、玉山、饶州和安徽徽州等地的陆军及部分内河水师，统归左宗棠就近节制调度，使他拥有较大的军权。由于军事局势突然发生变化，此事被延搁了几个月。直到翌年二月，左宗棠终于受命为浙江巡抚。曾国藩几乎是竭尽全力把他推举到了浙江省最高位置。

两年以后，左宗棠被授命为闽浙总督，仍署浙江巡抚——从此以后，他与曾国藩平起平坐。一个被人诬告，走投无路的读书人，在短短三年时间里，一跃而成为封疆大吏，如果不是有确凿的历史记载，谁都会以为是天方夜谭。

然而，树大招风。立下赫赫战功的湘军，很容易被别人攻击，而招致朝廷的不满。果然，一支支暗箭射来，令人猝不及防。

老谋深算的曾国藩从教训中领悟，与其坐而待毙，还不如造成内讧的假象，以保全自己。他作过一副对联："战战兢兢，即生时不忘地狱；坦坦荡荡，虽逆境亦畅天怀"，辩证地写照了性格的两重性。辱中求荣，挫时思奋，正是他为官的策略。谁曾想，没过几年，被曾国藩一手提拔起来的左宗棠，在赢得了足以与之抗衡的政治地位后，居然与曾国藩大唱反调。同治三年（1864），公开宣布和曾国藩断交，从此不相往来。

曾国藩与左宗棠的交恶,是晚清史上的一段公案,孰是孰非,即使到了今天仍然难以公断。冷静地看,两人的争执无非是为了公事,彼此间没有什么私怨。显然是从知遇之恩考量,人们大多倾向于曾国藩。毕竟,在人生的几个重要节点上,左宗棠都得到了曾国藩的扶持。然而,无论在公堂还是私邸,左宗棠总是免不了骂曾国藩,说他假道学,虚伪。甚至在曾国藩死后还骂个不休。左宗棠脾气坏固然是原因之一,其实这恰恰也暴露了他内心的无比焦虑。曾国藩是横亘在他面前的一座无法逾越的高山,一向心高气傲的左宗棠,不愿自甘弗如,乖乖屈从。于是,惟一的方式就只有骂,偏偏又骂不出什么名堂来,于是在脸上留下了一道滑稽的污痕。

1841年6月,承担鸦片战争失败责任的林则徐被流放新疆,把自己编写的《四洲志》交给魏源,希望魏源在此基础上编写一部合乎中国人需求的世界概览。在此后一年时间里,魏源以《四洲志》为基础,写成《海国图志》五十卷,1843年初版于扬州。1856年,魏源去世,一百卷本遂成为《海国图志》定本。

魏源看到了中国和西方的差距,提出了契合时代特点的主张,但他的想法却并没有在中国获得应有回响。那时的中国人并不认为中国在鸦片战争中的失败具有必然性,更不知道此次东来的西洋文明与中国文明的本质区别。一个古老、精致的农业文明怎样面对工业文明、商业文明,那时中国人似乎根本没有想过。

然而,墙内开花的《海国图志》,却香到了墙外。1851年的一天,一艘中国商船在日本长崎港接受入港检查时,被查到了三部《海国图志》,随即被当作违禁品克扣下来。这个偶然的机会,却让《海国图志》传入了日本。三年后,日本翻刻了《海国图志》六十卷本,日本人争相购读。也正是在这前后,美国"黑船"叩关江户湾。日本通过谈判达成妥协,接受了一系列不平等条约,打开了国门。这之后的日本,既没有像中国那样长时期沉浸在失败阴影中,也没有单纯地成为西方工业品的倾销地,而是很快"师夷长技",建立了自己的工业、商业基础,用不太长的时间在远东建立起一个西方式国家。日本学者井上靖说,幕府晚期之所以能产生"开国主义"思想,其契机主要是那时的日本知识群体普遍阅读过传来不久的《海国图志》。

然而在中国,在洋务运动兴起前,这本书却一直被束之高阁。洋务派上台后,发现了这本书,总理衙门要求印刷2 000册。

中国精英阶层的觉醒,晚了整整二十年。

当时,洋务派巨擘左宗棠主持重刻《海国图志》,为该书写下序言(收录于左宗棠文集《盾鼻余沈》),他说:"百余年来,中国承平水陆战备少弛,适泰西火轮车舟有成,英吉利遂蹈我之瑕,构兵思逞,并联与国竞互市之利,海上遂以多故,魏子数以其说干当事不应退而著是书。其要旨以西人谈西事,言必有稽,因其教以明统,纪徵其俗尚而得其情实,言必有伦,所拟方略非尽可行,而大端不能加也。书成,魏子殁。廿余载,事局如故……此魏子所谓师其长技以制之也。鸦片之蛊痛养必溃,酒过益醒,先事图维,罂粟之禁不可弛也……魏子所谓人心之寐,患人才之虚患也。宗棠老矣,忝窃高位,无补清时。书此弥觉颜之厚而心之负疚滋多。窃有俟于后之读是书者。"

盾鼻,指盾牌的把手。沈,在甲骨文中的形状,犹如一头牛浸没在水中,这是一种古代的祭礼。盾鼻余沈,是左宗棠对既往战争的隆重祭奠,也是对自己戎马生涯的深刻反思。"书此弥觉颜之厚而心之负疚滋多",自责之心,毫不遮掩。

这,其实也是整部中国近代史的"余沈"。

疯子魏阀与戏子李渔

被人称为"疯子"的魏阀，字明阀，是湖北汉川人。他生于明万历三十七年（1609），卒于清康熙十七年（1678）。关于他的"疯"，最令人不可思议的，是在五十岁时自作挽歌："蕤宾五月中，瘗我不食邱"，预知自己的逝世之日是在二十年以后的"四午"，也就是康熙十七年（1678）即戊午年的戊午月、戊午日、戊午时。到了那一天，他作书告别中丞张朝珍，正衣冠坐而卒，果然完全像他预言的那样。

魏阀生活在明清交替的时代，也算是明朝的一个遗民。明亡后，即使在清廷"留发不留头，留头不留发"的高压政策下，他也不愿剃去自己的头发，更不愿入仕当官，隐居于家乡刘家驿的渔市花村间——其实是十分荒僻的湖滨地带，不入城市三十余年，以教人读六经、宗孔孟为生。由于精通周易而名动公卿，尤其是能够占验生死，令人感到匪夷所思，但他始终不作任何解释。有人评价道："善术数者不言术数，非江湖游士所能知也。"

然而这位"疯子"偏偏为当时的湖北总督张朝珍所器重。张朝珍再三延致，卑礼聘之。他却回答："敬谢弓旌，实惧虚声处士，远谟难宏，岂言泮水冰心白云留住。"见他不肯应允，张朝珍为他在武昌清风桥左修建了一所书院,名"清风书院",请他出山讲学。一个湖北高官居然热心为不肯与当朝合作的人建造书院,或许是跟他一般疯了。

魏阀著有《清风遗集》,清光绪十八年(1892)汉川甄山书院刻印。南开大学藏稀见清人别集丛刊(广西师范大学出版2010年10月)第二册收录。时人评价他的诗:"如长江大河,飘沙卷沫,枯槎束薪,兰舟绣鹢,皆随流矣。"显然,抒发内心情感的诗句,更能体现这位"疯子"在世事纷杂中坚守独立,绝不随波逐流的品性。比如他的《书怀》这样写道:"客居偷岁月,户外听寒砧。看竹身无力,寻僧雨又深。十年双白发,万事一孤琴。此意如何语,松溪夜夜心。"此意如何语,松溪夜夜心,一切都蕴含其中了。

《清风遗集》刊有魏阀致李笠翁的两封信札,我们不妨作为公开信来阅读,从中可以触摸到他的志趣与情怀。

其一,《初与李笠翁》。魏阀以"汉西鄙醉颠弟"自诩,不无幽默。他说:"笠翁足下,天下之人尽知有笠翁,惟魏子不知有笠翁。天下之人尽不知有魏子,而笠翁亦不知有魏子。岂特天下之人尽不知有魏子,姊如女嫛且詈之。岂特天下之人尽知有笠翁,百世后闻者,莫不兴起也。昨从酒中过,遇友人见案头有史断。一手缮出身嫁心嫁四字,此四字,魏子知有笠翁矣。恐天下之人知有笠翁者,未必如魏子知笠翁之深也……笠翁百世士也,独不令百世士知有魏子乎?此时笠翁亦知有魏子矣。祈笠翁精义入神,无负天下之人尽知有笠翁,而魏子亦洗心退藏,以无负笠翁之知有魏子,则善。"

这一段文字有点绕,表述的层次却是清晰的。李渔在江湖上的知名度很大,天下之人尽知,但魏子不认识他。天下之人不知有魏子,李笠翁也不知。他说,昨天喝酒后,有人在案头翻阅书卷,看见了"身嫁心嫁"四个字。仅仅从这四个字,魏子就知道李渔了,而且他相信,天下人没有比自己更深切懂得李渔的。在他懂得李渔的同时,李渔也知道有一个魏子了。李渔是百世之士,百世以后人们仍然为李渔的名声而兴起。李渔知道有一个魏子了,魏子当然也不会辜负他。不难看出,"疯子"魏阀也是李渔的铁杆粉丝。

其二,《再与李笠翁》。魏阀说:"……今日又大醉矣。醉是弟日课,寓江汉数年,每日诵易三过,便饮酒一壶,解衣磅礴,或字或画或诗或文,竟忘有古忘有今。直吐胸臆会酒从十指出。复醒,若倦于笔墨,则坐芳洲,枕长江,与樵夫牧竖斗草打子,随牛背笛声渔竿欸乃以归。故酒人不能断酒,与笠翁不能断歌舞同。"易经、诗酒,解衣磅礴,在醉醒之间忘却古今,似乎是魏阀的日常。自己离不开酒,犹如李渔离不开歌舞一样。他说,前些日子与友人饮酒,纵论天下士子。友人说道,李笠翁亲调笙管,杂以丽人,满载画舫,去吴适楚,娱贵欢显,我们只能称之为"风流教主"。这番话颇含贬义。李渔这个浪迹江湖的戏子班头,周旋于显贵之间,活着只是为了满足有钱人的欢娱。可是魏阀却认为,他们根本就不懂得李渔。

他打了个比方说,李笠翁以歌舞亲近显贵,仿佛鹪鹩(燕子)飞向王谢堂前。三三两两,话愁于碧瓦雕梁。这不过是他的一种生活方式。普天下的鸟儿,莫大于鹏,莫小于鹪鹩,莫智于鹪鹩。鹪鹩(燕子)是最有智慧的鸟儿。大鹏飞翔数千里,却缺乏鹪鹩的智慧,与其南溟北溟地劳顿,恐怕不如寻找一根合适的枝头栖息。李渔作为一个戏子班头,"列一部鼓吹,奏向寒酸措大,再下乞丐前。与人与众得乐之本,寒酸措大读孟子极熟,必欣欣相告"。李渔在欢娱显贵的同时,也面对寒酸措大,乃至乞丐。他为贫苦百姓(自然也包括魏子在内)写戏演戏,以一部鼓吹带来无限欢乐,这是多么令人高兴的事。

"笠翁庶几无疾病,与此酒人欲置里革以侧之意"。魏阀在这里借用了一个里革断罟匡君的典故说,但愿李渔身体康健没疾病,告诉他将春秋时期的鲁国大夫里革置于近侧。

魏阀在家乡刘家驿的生活无疑并不富裕。然而在别人眼里的"疯子",他所拥有的快乐与幽默,无人能够企及。

文后附有按语:"李笠翁姬人皆妙解音律,笠翁自撰新词与所改旧曲,朝脱稿,夕即登场。其游燕适楚之秦之晋之闽,泛江之左右,诸姬悉为从事。详笠翁一家言乔王二姬传。"显然,魏阀熟读了李渔的《笠翁一家言》。李氏家班中最为人推崇的乔、王二姬,不仅容貌出众,而且悟性极高,无论多难的昆曲曲牌,只要教上一两遍,她们皆能演唱自如,常常是"朝脱稿,夕登场"。然而由于劳累成疾,二姬接连早逝,给晚年李渔带来莫大的打击,魏阀也不能不寄予深切的同情。

李渔(1611—1680),号笠翁,戏剧家、文学家、美食家。魏阀跟他是同时代人,彼此只相差两岁,也都享寿七十。然而天各一方,没什么往来,神交而已。魏阀的惺惺相惜,从一个侧面折射出了清初的文人命运、社会生态。

玉山雅集的多元文化现象

生活在元代末年的顾阿瑛,在阳澄湖与傀儡湖间的界溪之上,修筑玉山佳处,举办颇具规模的玉山雅集。这里筑有二十四处精美的楼堂馆所,"其所居池馆之盛,甲于东南,一时胜流,多从之游宴"。"莫辨黄钟瓦釜声,且携斗酒听春莺。河西金盏翻新谱,汉语夸音唱满城"。我们从顾阿瑛的诗句不难看出,这里有南方官话,也有北方语音;有南曲,也有河西金盏这样的北曲。

这种多元文化现象,耐人寻味。

作为一个在江南陆续维系了二三十年的文人集会,玉山雅集在中国文化史上曾写下不可忽视的一页。雅集的活动内容,包括诗酒、茶会、出游、唱和、鉴赏等,乐妓唱曲自然不可或缺。值得注意的是当时从四面八方前来参与玉山雅集的,不仅有汉人与南人学问家李元珪、张渥、熊梦祥,词曲家杨维桢、张翥,南戏作家柯九思、高则诚,还有蒙古人泰不华、察伋,回回萨多剌,色目人达奭曼,回鹘人唐古德(马九霄)等文士名人。他们之中,有的家世有伊斯兰教背景,有的则有基督教背景。他们为顾阿瑛非同凡响地对待名利、诗文和艺术的理念所折服,为内心蕴藏的理想所驱使,纷纷与之诗酒唱和,开展了诸多方面交往。

泰不华,是顾阿瑛玉山佳处的最早宾客之一。后至元四年(1338),顾阿瑛从一处寺庙假山,找到一块有苏轼题识的刻石,购归置于中庭。翌年,书画家柯九思来访,欣赏此石的文字:"昨日与数客饮至醉,今日病书以醉。轼。时元祐四年三月四日也。"再拜题名。三个月以后,泰不华来访,十分叹赏柯九思的逸致,以古篆体题写"拜石"二字,并为置石的地点隶书命名"寒翠所"。泰不华还应邀为玉山草堂"雪巢""渔庄"两处景点题额,并为顾瑛收藏的"水仙图"题诗。顾阿瑛"玉山草堂"的声名鹊起,泰不华自有赞赏之功。

萨都剌,字天锡,号直斋,有《雁门集》传世,共存诗词七百余首,被视为"一代词人之冠",是元代诗坛、词坛的杰出代表。曾多次南下,到过江苏镇江、南京及福建等地任职。萨都剌的先祖是西域回回人,答失蛮氏(家世有伊斯兰教背景)。在玉山雅集中,他写有《席上次顾玉山韵》等诗作。

昂吉,是玉山草堂常客,顾阿瑛所编《草堂雅集》中收录他的诗三首,并为之作序云:"昂吉字启文,西夏人。登戊子进士榜,授绍兴录事参军。多留吴中,时扁舟过余草堂。其为人廉谨,寡言笑,非独述作可称,其行尤足尚也。"有人作过统计,在蒙古、色目名士所作玉山雅集诗文中,以昂吉为最多。

张猩猩,一个来自中亚细亚的胡人,能作南北弄,将南曲与北曲融会贯通,在当时的教坊乐工中很有名声。为了"江南相见落花天",他从荒漠中的绿洲,穿越兵荒马乱的北方,越过苍茫黄河滚滚长江,赶到玉山草堂,不知经过了多少个日夜的颠簸,承受了怎样的风霜雨雪。与此同时,他给江南水乡带来了异域音乐。

阖目细想,六百多年前的阳澄湖与傀儡湖畔,各种不同肤色的文士聚集于此,早已超越了分为"四等人"(蒙古人、色目人、汉人、南人)的界限。今天我们从清代华嵒《玉山雅集图》(台北故宫博物院藏)中,也无法看出服饰的区别。他们说汉语、吟汉诗、唱汉曲、绘国画、写书法,以阳澄湖鲜美的鱼虾佐酒,恣肆不羁,一醉方休,浸淫于悠远丰蕴的文化传统中,该是一种何等迷人的情景!

由北方游牧民族蒙古族肇建的元王朝,疆域辽阔,族群繁多,物产丰盛。定鼎中原以后,大批蒙古、色目人士散居于内地,在漫长岁月中渐渐为汉文化所同化。少数民族的士人,在元代中后期成为一个特殊的阶层。与此同时,汉族士大夫也认同了服膺汉文化的异族士子,"胡""汉"士人彼此往来,互动密切,形成了中国历史上从未有过的"多族士人圈",民族文化高度融合。"多族士人圈"最为活跃、最为集中的,一是大都(今北京),一是江南地区。相比而言,一直到至元十六年(1279),元军才攻克南宋都市临安(今浙江杭州)。由于巨大的政治、文化隔膜,南宋遗民抵抗元政权者比比皆是,一时难以形成紧密的联系。江南"多民族士人圈"的形成,要比大都晚半个多世纪。但元王朝一统南北后,情况很快发生了变化。无数蒙古人、色目人生活于此。多民族共居一地,日久天长的接触,自然会产生感情,甚至还出现通婚现象。蒙古人、色目人受到汉文化的熏陶浸染,在文学艺术等领域成就卓著,有的迅速跻身于名家之列。所以有学者认为:元代"对历史文化做出杰出贡献的蒙古、色目人士,也以江南地区出现的为最多"。

多元文化在阳澄湖畔汇聚,显然也跟这样的时代背景密切相关。元朝定都大都后,为南粮北运而开辟了南北海运线。海运线起始点之一,就在距离阳澄湖几十里外的刘家港,一条娄江将彼此勾连,交通颇为便利。

元代以后,这样的社会文化状态依然在延续。从明永乐初年开始的郑和七次下西洋,也正是在刘家港起锚远航。当时被誉为"六国码头"的刘家港,五方杂陈,总人口达到 20 余万,不仅有色目人,还有波斯人和阿拉伯人。三宝太监郑和便是回族人。一位八旬老人曾经告诉我,他听长辈讲过,很多年前的娄东(太仓与昆山的交界处),曾有一个色目人聚居的村庄。色目人(各色名目之人),是元代对来自中西亚各民族的称呼。色目人种大多是白种人或者是黄、白混血种。元代的大统一为各民族的联系与融合,提供了有利条件。色目人与本地人通婚,生育后代,便成为一件毫不奇怪的事情。

目光拉回到今天的生活中。记得有一天,一位陌生人走进我的办公室。我抬起头,下意识读他的脸,鼻梁高耸,眼眶微凹,肤色黝黑,全然是西方人。他却以十分流利的汉语说,他是徐氏后裔,来自美国,是回故乡寻根的,希望能读到祖传的家谱。

徐家是昆山望族。清顺治、康熙年间,徐氏三兄弟(顾炎武先生的三个外甥)先后以一甲登第。"同胞三鼎甲,一弄十进士"一时成为科场传奇。老大徐乾学为康熙朝重臣,育有五个儿子皆为翰林。这位客人的曾祖父,即是其后裔,先后中进士,入翰林,又皈依基督,一度还成为民国时期思想激进的革命家。在那个年代堪称另类。徐氏祖籍为安徽歙县,后迁徙江苏昆山,他则出身于江西南昌书香之家,多年前跟随父母移民美国波士顿。

这些年,我与徐氏后裔有不少交往。仔细想来,他们家族中果真还有几个高鼻梁、凹眼眶的,尽管黄皮肤与别人完全一样。年轻人的相貌似乎并无异常,却有人验出携带 Rh 阴性血型,即所谓的"熊猫血型"。引人瞩目的是徐氏后裔涌现出多位学者、教授,在物理学、数学、化学领域各有建树。或许可以猜测,徐氏族人几百年来一直带有中亚细亚人的某些基因?从人类学角度看,混血儿在智商、耐力、灵敏度、力量方面,与相貌一样,中和着父母亲的特征,却又呈现某些优势。

顺便说一下,产于太湖地区的湖羊,其分布地域是与明清江南蚕桑区基本一致的。有民间传说,当年元太祖成吉思汗下江南,曾经挑选优质绵羊作为礼品,馈赠给江南地方官员。官员们把绵羊放到太湖地区饲养,大量繁殖后,便形成了一个优秀品种,称之"湖羊"。比较可信的解释是早期北方移民携蒙古羊南下,在南方缺乏天然牧场的状况下,改野外放牧为圈养。当地遍植桑树,人们用青草辅以桑叶饲喂。经过多年人工选育,蒙古羊逐渐适应了南方高温高湿的气候,在水草丰茂的杭嘉湖一带,形成了质量上乘的湖羊品种。

这也该是民族融合的一个佐证吧?

惜粮悯农的文学

朱柏庐先生的《治家格言》，只有短短的五百十六字，但从诞生之日起流传至今，有众多书画家、政治家为之书写，例如常州汪洵、四川颜楷，都有四条屏传世。福建林则徐、湖南黄自元书写了字帖出版。画家吴昌硕也于光绪三年(1877)书写了隶书中堂。清代苏州书法家姚孟起认为，悬挂正书《治家格言》乃家庭之必备。"一粥一饭当思来之不易，一针一线恒念物力艰辛"，正是其中的金句。

稻米，我们赖以为生的食物，曾被古人赋予很多种名称：稻、稌、秔、穤、穄、耗，受关注的程度不难想象。粳、籼、糯，是对稻米大类的区分。米，何止是米。从前的人们比喻突然交好运，说"一跤跌在白米囤里"，"米囤朝天"则意味着快要没饭吃了。20世纪五六十年代，有一曲脍炙人口的弹词开篇《一粒米》，从细处讲节约粮食，几乎家喻户晓。

中国是一个农业大国，粮食事关国计民生。文学从来不会缺席。读《两浙輶轩录》(阮元编选)，发现集清代三千余家之大成的四十卷诗集中，有大量作品以农事、农作、农情为题材，形象地刻画农民的命运遭际。诗人中有官员，有学者，也有布衣，无不表达诚挚的同情之心。在数以千计的送赠诗、咏物诗、游吟诗、漫兴诗中,这些以"悯农""惜粮"为主题的作品,一扫沉闷的案牍气息,焕发出艺术的神采。

李良年,秀水(今浙江嘉兴)人,康熙己未(1679)举博学鸿词,著有《秋锦山房集》。他的《水车行》中有这样的诗句:"吾乡水车制浑朴,胼胝仅足输官租。吾将揽笔绘此图,可惜江南水面平于铺。水车仅可施急水,倘欲移置徒区区。古来财赋称三吴,吁嗟民力何由苏。"苏浙一带以富庶著称,历来是财赋之地,但丰饶的收成是农民汗水换来的。手足胼胝,应对旱涝,仅够交付官租。何时民力才能复苏?令人嗟叹。

朱国权的《田家叹》与之异曲同工:"竟夜无眠直到晓,惊听秧长麦黄鸟。麦黄喜得充饥肠,秧长又怕佣钱少。""阿妇典衣供朝夕,田吏征入官厫。天道人事何时足,空将两耳听布谷。"

秀水贡生杨珣的《驱蝗》,似乎透视得更深一层:"岁在戊午七月初,宁隆邑中蝗满畴。捕之不胜几束手,蔽野顷刻残来牟。上官驰檄急如火,下令未雨须绸缪。县中老翁心战慄,壮夫郁郁眉锁愁。上下促迫心事恶,此事毕竟谁能筹?……我推物理洵不妄,临事要在探源头。"飞蝗成灾,令上下都无比焦虑,他却清楚指出:"临事要在探源头。"自然灾害的源头是什么?恐怕要从某些人身上寻找,否则难以根治。杨珣曾当过江宁府同知,知道官场潜规则,也懂得老百姓的疾苦。他的后人杨树本《述》略云:"先大父治柏乡,案无留牍,蝗不入境,囹圄一空。又每应求得雨,识者称为政成三异。"他的悯农之情是从切身感受引发的。

钱塘(今杭州)人陆堦,曾主事万松书院,从游者甚众。他的《晚秋刈禾课子》,在描写了秋收时节的农忙景象后说:"我亦趋垄畔,晚入殊苦忙。呼儿偕出作,耕读两不妨。群佃分勤惰,终岁别稔荒。是中具至理,课之良有方。"致力于教学的学者,即使秋忙也不忘督促孩子一边下田劳作,一边抽空读书,做到耕与读互不妨碍。何况,农事管理也要学问。

屠廷楷的《米虫》,则模拟诗人与谷仓内米虫的对白,反讽饥荒之难:"汝为困内虫,我为困外虫。各食天地物,等使饥量充。我家八九口,强半杂儿童。日须五六升,我计亦已丰……但恐秋风来,瓶罄罍亦空。我饥固常甘,汝徙将安从?"一家人每天消耗粮食十几斤,平日是足够了,但到了秋冬,米瓮吃空了,我挨饿还是小事,你又该何去何从? 一句"我饥固常甘,汝徙将安从",竟读得令人酸楚难忍。

中国古史传说中,神农氏为寻找充饥的植物,经受了"尝百草之实,察酸苦之味","一日而遇七十毒"的艰险历程,最后在荒野中选出了黍、稷、菽、麦、稻,华夏大地从此开始种植"五谷",绵延至今。这,正是"一粥一饭当思来之不易"的初心。

一读四百年

读莎士比亚并不容易,即便我手里拿着装帧精致、墨色极佳的线装本,蓝缎封面还暗印莎翁的头像。屠岸先生翻译莎翁《十四行诗》,从初版至今,已几乎跟共和国同龄。但读者仍喜欢着他的译本,第十八首中有一句:"你永久的夏天决不会凋败",这个你,是诗章的呈献对象,是四百年前的莎翁,其实也是屠岸的汉译。

然而,《十四行诗》究竟为谁写?写了些什么?为什么能高踞英诗的王冠,荣膺空前绝后的美名?在评价时难免失之浮浅,对于真正的诗人,赞誉往往是多余而乏力的。这部为私人读者创作的诗集,有人赞美是对爱、性欲、生殖、死亡和时间——人的本性的深刻思索,也有人说是莎翁对爱情与友情的渴望,字里行间透露沉稳凝重的忧郁。

很多人推崇第十八首,认为它既精雕细刻,更语出天成,堪称王冠上的明珠。我发现屠岸似乎更偏爱第二十九首,将它与杜甫歌颂友谊的名篇《梦李白二首》相媲美。一开始,诗人是自怨自艾、低沉抑郁的,偶尔想到了"你",心怀顿时像破晓的云雀从阴郁的大地冲上天门,抵达友谊欢乐的顶峰。"我怀着你的厚爱,如获至宝/教我不屑把处境跟帝王对调。"至高无上的友谊,足以扫除层层愁云,一种乐极登仙的情绪,在诗人胸中肆意洋溢,感染了读者。

莎士比亚,一个小工匠的儿子,只受过初级教育,很小就离开家乡斯特拉特福德镇,跑到首都伦敦去找出路。为了生存下去,他几乎什么苦活都干过,后来进了一家剧院打杂,登台跑龙套。一个很偶然的机会,他的编剧天赋被人们发现,终于获得了写作权。他的写作无非受经济利益的驱使。由编写脚本,成为戏班子的股东,继而有条件出入于宫廷、王府。赚到了钱,他才能让家庭摆脱困境。显然,正是由于他曾经地位卑贱,人格往往被轻视,对于友谊和爱特别珍视,才会有蕴蓄良久的滚烫的诗句从心底涌出。看来,愤怒出诗人,放之四海而皆准。

第六十六首,也值得格外注意。"对这些都倦了,我要离开这人间/只是,我死了,要使我爱人孤单。"愤世嫉俗的诗人,见到荣誉被可耻地放错了位置,见到暴徒糟蹋了贞洁的处子,见到不义玷辱了至高的正义,他不能不想到要离开这个世界。但,友谊和爱给了他活下去的力量。为了友谊和爱,他要与丑恶抗衡。这恰恰是生的希望。诗,蕴含几分悲愤,几分犀利,也有几分幽默。

第一百零五首,因为诗人提出了生活的最高准则:真、善、美以及这三者的结合,被屠岸先生称作莎翁全部十四行诗的终曲。"真,善,美,变化成不同的辞章/我的创造力就用在这种变化里/三题合一,产生瑰丽的景象"。诗人对友谊和爱的企盼,上升到了完美的人格层面,清晰地表达人生的理想。这,正是深邃悠远的人文主义思想。恰是如此,诗才有恒久不衰的魅力。

究竟什么是好诗?怎样才能写出好诗,使之令人玩味吟咏,并流芳百世?自古以来,这个课题始终令诗人苦苦思索,白头搔更短。其实,诗句中影像的跳跃与更替,音乐的飘荡与参透,乃至用尽伎俩,把别人想不到也不会去想的手法都搬出来,比现代更现代,比抽象更抽象。这些未必是重要的。诗,本是心曲。追随人性的诗,永远也不会死。经过长久的酝酿,无数次过滤,又从心底里流淌出来的诗句,不可能无病呻吟或钝刀割肉,也不会让人读得云里雾里,醉里梦里。莎翁早已告诉我们了,多一些灵魂,多一些爱,多一些友谊,哪怕诗句很简单,却因为融入了最初始的人性,便字字珠玑。让人们读了400年,也许还会再读几个400年。

字作坊

手帕上的《长征》

我始终保存着一方白色手帕。手帕极其普通,展开看去,正中印有一页《长征》蓝色曲谱手稿,右下角则是笔力遒劲的签名"丁善德"。这是1995年12月10日去龙华殡仪馆参加丁善德教授追悼会的纪念物。那天的灵堂内,没有播放哀乐,而是一遍遍回响着《长征》交响曲的旋律,激昂而又充满深情,仿佛音乐老人也在侧耳聆听。

那一年的五月,我曾去上海淮海中路新康花园拜访丁善德。看见家乡昆山来人,他非常高兴,不仅赠我签了名的照片和多本书籍,还给我一盒《丁善德交响音乐作品》。里面装着三盘录音磁带,其中主要是从第一乐章《踏上征程》到第五乐章《胜利会师》的《长征》交响曲。没想到,仅仅半年多,他就离开了我们。

《文汇报》报道,2021年2月27日,上海交响乐团在指挥家黄屹的执棒下,携手女中音歌唱家雷鸣,以朱践耳《唱支山歌给党听》和丁善德《长征交响曲》两部老一辈作曲家的红色经典,揭开了"庆祝中国共产党成立100周年红色经典剧目展演季"序幕。他们还找到了一套由黄贻钧指挥,于1962年录制的黑胶唱片,在演出现场向听众展示。这令人百感交集。

丁善德是玉山镇(现昆山高新区)东门一个染坊店主的儿子,四岁时,父亲就患肺病死去了。他自幼家境贫困,但他有音乐天分,更十分好学。丁善德初中毕业后来上海报考国立音乐院,为萧友梅所青睐。1947年自费去往法国留学,进入巴黎音乐院。他努力吸收西方音乐的精华,却并没有放弃民族风格,而是将两者巧妙结合起来,采用新手法和新技巧,创作了钢琴独奏《序曲三首》《中国民歌主题变奏曲》《双簧管奏鸣曲》和独唱、长笛伴奏的《神秘的笛音》等作品。

在巴黎苦读三年,正在撰写毕业论文时,他听到了许多关于中国解放战争的消息。丁善德顿时产生了回国的念头,同时决心构思出一部《新中国交响组曲》。《新中国交响组曲》是在巴黎写成的,上演却在上海。1949年10月1日,中华人民共和国诞生之际,丁善德终于远涉重洋,经由天津回到了上海。次年1月,由意大利指挥家富亚指挥的上海市政府交响乐团,上演了第一部由中国作曲家创作的交响乐作品《新中国交响组曲》,音乐会座无虚席,还有许多观众只能站在过道里聆听。

1956年,丁善德担任了上海音乐学院副院长,主管教学业务、艺术实践和外事活动等。他始终以充沛的工作热情、娴熟的业务素养,兢兢业业地干着自己认为应该干的事,取得了丰硕的教学成果。

最值得一提的,自然是他的《长征》交响曲。

1958年9月，上海市委宣传部部长石西民在一次创作会议上，传达了陈毅副总理提请作曲家们创作交响乐的讲话。陈毅说，交响乐是世界性的音乐形式。我们天安门前的英雄纪念碑上的每一块浮雕所表现的英雄事迹，都可以用交响乐来表现。这样，就可以通过音乐的形式宣传我们的革命斗争，让全世界人民都知道。

经过上海音乐家协会创作委员会研究，决定了《长征》《抗日》《东方的曙光》《解放战争》四个题材。丁善德选择了《长征》，没过几天就去江西革命根据地深入生活。他先是到南昌，阅读了大量红色史料，接着到瑞金访问当地老百姓。后来又去了井冈山。因为永新县的一家钢铁厂里有十几位参加过长征的过来人，他专门前去访问，听他们讲故事，并请当过司号员的老同志唱集合号、冲锋号的音调，觉得收获很大。

接着，丁善德又去往广西南宁、桂林等地，搜集瑶族、苗族等少数民族的民歌。到了贵州遵义，不仅访问了遵义会议旧址，还上了娄山关。乘汽车到重庆，又参观了红岩村、渣滓洞，凭吊革命先烈流血牺牲的纪念地。这一段行程足足走了三个多月，直到1959年初，他才回到上海。在从重庆坐轮船返回上海途中，丁善德顾不上歇息，一边酝酿《长征》的总体构思，一边完成了《黄浦江颂》的配器。不久，反映上海工人斗争史的大合唱曲《黄浦江颂》，在上海举行的音乐舞蹈会演中首演，获得广泛好评。

1961年秋,丁善德再度深入生活。先到西安,再去延安,参观了毛泽东等领导人当年住过的窑洞、中共第七次党代会会场和杨家岭,还和当年的老红军战士谈心。延安的老农民向他描绘了当年怎样热烈欢迎红军的场面,使他内心受到很大触动,为日后创作第五乐章《胜利会师》奠定了情感基础。即使如此,丁善德仍然不满足,随后又去往四川,越过了二郎山,到达泸定桥。走在当年红军飞夺泸定桥时的行军路上,在康定见到了雪山、草地,他才轻轻舒一口气。一位老红军向他提供了一首《吃牛肉歌》。在翻越雪山没东西可吃时,他们常常唱这首歌鼓舞斗志,战胜饥饿,丁善德引用了这个素材,以刻画红军战士形象。

在1962年举办的第三届"上海之春"音乐会上,上海交响乐团在指挥家黄贻钧的指挥下,上演了《长征》交响曲,并且灌制了唱片。不久又由上海文艺出版社出版了大型总谱。《长征》是中国有史以来罕见的大型交响乐作品。尤其是"飞夺泸定桥"这个乐章,运用"无穷动"的快速节奏,气势雄伟,形象鲜明,赢得了全场观众经久不息的掌声。接着,黄贻钧在北京民族文化宫再次指挥中央乐团交响乐队演出,各大报章纷纷予以报道,认为是中华人民共和国成立以来反映革命斗争的一部优秀的大型作品,十分难能可贵。

曲谱上的《长征》,舞台上的《长征》,唱片上的《长征》,手帕上的《长征》……每一个音符都是热血丹心。我注视着印有《长征》曲谱的手帕,暗自思忖,一个接受西方艺术教育的音乐家,一个自费留学法国巴黎的天之骄子,一个在音乐道路历经磨砺的老人,如此热爱共产党,热爱新中国,以《长征》为倾情讴歌的题材,对于生活在丁善德故乡的人们,该有着多么有益的启示!

作协门墙的一块铭牌

冬日的一个午后,我去位于巨鹿路675号的上海市作协,参加"禾泽都林杯"征文颁奖会。这座百年花园洋房,当年曾请匈牙利人邬达克设计,至今仍能体味其格局,但终究老迈了,四处呈现岁月存留的斑驳。包扎好的书册杂志从室内蔓延至门厅廊道。在办公楼的门墙上,我发现了几块色泽有些暗淡的铭牌。左上第一块为"中日儿童文学美术交流上海中心",不由驻足凝视。沉寂已久的往事顿时被勾动起来。

三十多年前的1989年盛夏,我第一次来到巨鹿路675号。那是应邀参加一个青年作家座谈会,主办方就是这个"交流中心"。记忆中,张锡昌、陈丹燕、秦文君、郑春华和任大霖等沪上儿童文学界的代表人物都参加了。日方代表是翻译家中由美子女士。彼此没有任何语言障碍,大家的交谈自在而愉快。儿童文学没有国界,安徒生不仅仅属于丹麦,格林兄弟不仅仅属于德国,盖达尔不仅仅属于俄罗斯。他们的许多不朽之作,是全人类共同的精神财富。

中由美子女士穿一袭白色连衣裙,乌黑的头发自然垂肩。略施粉黛的脸上,充满热情、友善、谦和的笑容。那时她是厚生省自立指导员、兵库县生活相谈员,热衷于向日本读者介绍中国作家的作品。我在《儿童时代》杂志也读到过她译介的日本作家的散文。她说,她甘愿当一个文坛"二传手",译介的大多是经得起时间筛选的作品。这些作品,同样应该属于全人类。

那年三月,她已与被称为日本绘本之父的松居直先生一起来到上海,与中方作家、画家共同挂出了"中日儿童文学美术交流上海中心"的铭牌。用陈伯吹先生的话说,这是两国作家、翻译家共同为下一代营造丰盛的精神食粮的乐园。我有幸成为其中的一员,参加了几次活动。后来,与中由美子有过不少信件往来。她是在台湾留学的,读过大量中国文学名著,对当代中国文坛也很了解。一手汉字娟秀、工整,偶有笔误,就用白色液体仔细涂改。在给我的信中,她谈及日本经济飞速发展,看起来几乎没有用钱买不到的东西,但少年儿童的品德教育,未免令人担忧。她对勤劳、诚实、谦虚等人们应该具备的品德和母爱、友情这种纯洁感情总是大力推崇。她说,当然我不希望少年儿童都成为俯首帖耳、乖乖听话的好孩子,而是主张他们有独立的见解,努力创造美好的生活。

在她赠与我的照片中,一帧是她与丈夫、公公、婆婆的合影,一帧是她在厨房里,与婆婆、弟媳一起操持家务的留影。看得出,她生活在一个幸福和谐的家庭。

中由美子和她的朋友们创办了一本翻译儿童文学杂志《世界の子供たち》(《世界的孩子们》),重点介绍亚洲特别是中国作家的作品。依靠不倦的努力和社会资助,从1983年开始到现在,始终没有间断过。记得有一次,中由美子为翻译我的散文《十八双鞋》,从日本飞往上海,又请张锡昌、陈丹燕两位陪同,专程来我家商谈译本细节。因为那是一篇描写母爱的纪实散文,她提出要看看我母亲,我欣然赞同。在跟我母亲告别时,她居然看中了一只杭州篮,请求母亲作为礼物送给她。我当时颇有些不解,如此普通的竹篮子,也值得带上飞机吗?若干年过去了,如今竹篮子也成为我们的稀罕之物,街头再也看不到劈篾编篮的竹匠,我终于领悟,她是在竹篮中寄托了一种怀想。

回到日本后,她在翻译过程中又专门打电话来,核对几个细节。这样的一丝不苟,实在令人感动。除了《十八双鞋》,她还翻译了《禁区》《没有橹的小船》等多篇散文,发表于《世界の子供たち》。

与此同时,她也介绍翻译家关登美子、画家津田橹冬、篠崎三郎等人,前来旅行写生。我陪他们分别去了古镇周庄和阳澄湖。古色古香的桥楼、粉墙蠡窗的民居、风光秀美的湖水,引起了他们极大的兴趣,一幅幅画面留在了速写本上。很快,他们以江南水乡为题材的不少作品在日本发表,有的成为儿童文学作品集的插图。日方出版的《世界の子供たち》《虹の图书室》杂志,则翻译介绍了大量中国当代儿童文学作品。记得当时还出版过江苏作家特辑。

至今还记得是1990年11月,旅美画家陈逸飞回到上海,参加一部大型画册的首发式。16日，他再一次去往周庄。同行者中，有张锡昌、陈丹燕和中由美子，以及张锡昌原先的同事旅美画家王英浩。我在周庄参与了接待。陈逸飞特意带来了一枚联合国邮政机构在日内瓦发行的首日封，赠送给周庄镇镇长庄春地，还挥笔题词"我爱周庄"。正是这次活动，我弄清了陈逸飞印在首日封上的画作，究竟是不是《故乡的回忆》（双桥）这个多年悬而未决的问题。

后来，由于工作环境变化和年龄增长等原因，我渐渐疏离了儿童文学。没有再来巨鹿路675号，跟中由美子的联系也少了。令人懊恼的是我换了几次邮箱，失去了她的联系方式。她恰恰也搬了家。我曾有机会随团访问日本，很想与她见面，可惜未能联系上。

2019年3月的一天，突然接到张锡昌先生的电话，说中由美子找我，想询问作品版权的事情。随即，他发来了中由美子的邮箱，这样我们终于又建立了联系。令人意想不到的是，她不幸患了癌症。这些年一直在跟病魔作斗争。她在邮件中告诉我说："我曾于2007年得病住院后，一直没有出国过。现在又得了'新病'，正在做放射线治疗呢。"她找我，主要是为了选编《世界的孩子们·杰作选》，书中收录了我的散文《十八双鞋》，必须弄清版权归属问题。她把自己的病说得轻描淡写，编书出书的事却丝毫不肯马虎。事实上，她正一边接受治疗，一边带病工作，身体仍不容乐观。可是我别无他法，只能抬头遥望星空，默默地送去由衷的祈愿与感谢。

10月初的一天,打开邮箱,从中由美子发来的邮件中,竟突然读到张锡昌先生逝世的噩耗,不由十分震惊。几个月前我还跟他相约,找时间去古镇周庄走走。他告诉我已经快八十岁了,但笑声很爽朗。没想到,一切是如此难以逆料……

我注视着门墙上的这块铭牌,用手机将它仔细拍摄。不由暗忖,儿童文学并非小儿科,也是一份接力传承的事业。或许,这才是巨鹿路675号被称为文学圣殿的缘由吧?

标点符号的百年

众所周知,中国的文言文是几乎没有标点符号的。阅读古代文献,断句(句读)是一种基本功,很需要再三训练。这跟人们的口头表达形成了两套语言系统。胡适曾以归有光《寒花葬志》一文中的"孺人每令婢倚几旁饭即饭目眶冉冉动孺人又指予为笑"二十四字为例,说明可作两种不同读法,便会有两种不同解说。一是"孺人每令婢倚几旁饭,即饭。目眶冉冉动。"二是"孺人每令婢倚几旁饭;即饭,目眶冉冉动。"他又举例说,中国京调戏里常有两个人对话,一个问道:"当真?"一个答道:"当真。"又问道:"果然?"又答道:"果然。"这四句写出来,若是不用疑问符号,就没有分别了。胡适认为,没有标点符号的大害处有三种,小害处不可胜举。

正因为如此,马裕藻、周作人、朱希祖、刘复、钱玄同、胡适等六人联名提出了《请颁行新式标点符号议案》。1919十一月二十九日夜,胡适认真作了修正(后来收录于《胡适文存》)。两个多月后的 1920 年 2 月 2 日,北洋政府教育部发布第 53 号训令——《通令采用新式标点符号文》,中国历史上第一套法定的新式标点符号从此诞生。

胡适等人关于标点符号最初的解释,含有两层意思:一是点的符号,一是标的符号。点,即是点断,又可叫作"句读符号"。标,即是标记。凡用来标记词句的性质种类的,都属于标的符号。中国古文仅有的句号、读号,显然不如西洋文字的标点符号完备,所以有必要引入西洋最通行的符号,同时斟酌中国文字的需要,加以变通。推广、普及新式标点符号,无疑成了新文化运动的一个标志。

如何正确使用统一的标点符号?从一百年前教育部的这个法定文件开始,每一个写作者和每一家报刊、出版机构,都有了自觉遵循的责任。中华人民共和国成立以后,国家有关部门对此也非常重视,先后颁布了四部《标点符号用法》。经由中小学校的教学和社会各界的推广,准确、规范地使用汉语书面语,包括正确运用符合国家《标点符号用法》标准的标点符号,已成为人们的共识。

然而,我们不能不看到,一百年来标点符号的命运,并不如想象的那么一帆风顺。犹如汉语中掺杂了大量外来语、缩略语、"火星语"乃至令人费解的网络语,标点符号也不可避免地出现了各种各样的问题。具体地说,大致有该用不用、"偷工减料"、失去规矩,使用不当、标新立异,胡乱生造等几种问题。在网络上,以表情符号替代标点符号的更是屡见不鲜。

耐人寻味的是,一些作家、诗人在作品中干脆放弃标点符号。一个个"意识流"诗句后,仅有分行,没有任何标点;小说的情节叙述、内心演绎甚至人物对话,整页整页不见标记点断。据说这样做更能表现心理活动的自由,显得更加"先锋"——难道你在思索时脑子里会蹦出标点符号吗?报章杂志和出版社的编辑,对此竟见怪不怪,堂而皇之地将标点符号残缺的作品公之于众。不视为倒退,反而成创新之举,这就令人扼腕了。

除了新闻出版媒体,近年来愈来愈多地出现在大庭广众的文化展览、广告展示,只顾标新立异夺人眼球的标点符号,也是层出不穷。适度的夸张,自然可以理解,但是绝不允许错用。以逗号取代冒号,随意取消引号,或将感叹号放在句首,必然会损害汉语之美,也与广而告之的初衷背道而驰。毕竟,受众会用脚来投票。

诚然,新式标点符号出现的一百年间,随着书刊文字由竖排变成横排,经历一些变迁是毫不奇怪的。比如引号、私名号、书名号等的用法,今天就与当初颇不相同。但,保持标点符号法定的严肃性,让人们更好地表达、理解祖国文字的内涵,却始终毋庸置疑。

民国士人与五四思潮

徐兆玮,生活在晚清和民国时期的常熟籍学者。光绪十六年(1890)考中进士后,曾任翰林院编修,后赴日本学习法政,并加入同盟会。辛亥革命后任常熟代理民政长。民国元年(1912)当选为第一届国会众议员。他留下长达四十余年的日记,厚厚六册(黄山书社 2013 年版)。其中 1919 年的《棣秋馆日记》有多处记述了他所感受到的五四运动,风潮中的某些人与事。在一百年后的今天读来,不仅有史料价值,也能由此获得思想启迪。

比如五月七日,他以局外人的口吻记载:"京师大学校及法政诸校学生因青岛事,有示威举动,焚曹汝霖屋,殴章宗祥几毙,唯陆宗舆幸免。然曹屋即陆产,则亦受痛苦矣。四大金刚均亲日派,衮夫远在西欧,不受其吓,亦幸而免矣。"此后几天的日记说"十时后子涵来访,谈时事甚详,至十二时始别","今日报载南北代表和议决裂,有总辞职之说","上午一校开国耻纪念会,予往观。学生演说颇有兴会……闻有文明新剧"。从中不难看出,即使远在江南,也无法不受这场运动的影响。随后徐兆玮就赶往北京去了,他是局外人,却渐渐靠近风暴中心。尽管到了北京后,便与朋友结伴去琉璃厂访画,去青云阁啜茗,去西升平园洗澡。

五月二十七日记载:"晨九时,至石驸马大街女子师范学校访方惟一,知罢学风潮可以转圜。闻由王宠惠出任调停……惟一引余等参观,校舍方在改筑中,附设蒙养院,颇觉天机活泼。"但次日却说:"晨,方惟一来,言罢课风潮尚未能平。"骤起的学生运动,根本不以他们的意志为转移。

1917年3月,四十八岁的方还(字惟一)受教育部命令,荣任北京女子师范学校校长。在这之前,这位秀才出身的教育家,创办过家乡昆山第一所新式学校——樾阁学堂,曾领导家乡昆山县的辛亥光复运动,当过首任民政长,随后去往北京,当了两年多校长。

徐兆玮与方还有不少共同点。他们不仅是出生于1867年的同龄人,还都是热心公益的地方士绅,都当过民政长、国会议员或资政院议员,都亲眼看见水涝灾殃、抗租风潮,对百姓疾苦感同身受。彼此有密切来往,同为来自常熟的议员瞿启甲(铁琴铜剑楼楼主)和昆山实业家、进步士绅蔡璜等人,也视为同道。方还任职于北京女师时,徐兆玮去京城参加国会会议,常常登门拜访,促膝长谈。

北京女师,是全国唯一的国立高等女子教育机构。年富力强的方还很想在这里大展身手,专门设置了园艺、缝纫、家事等具有女性特征的专修科,以帮助受教育的女性更好地回归家庭。孰料,新文化运动正在北京如火如荼地进行,女权主义者在女师的活动很频繁。当时,方还聘请陈中凡担任国文专修科主任。陈中凡则引进了新潮人士李大钊、胡适、周作人、冯沅君,国故派刘师培、黄侃、程俊英等,让这些人给学生授课,学生们的运动热情便越发高涨。1919年4月,女师正式更名为北京女子高等师范学校。一个月后,震惊中外的"五四运动"就爆发了。

作为校长的方还,秉承北洋政府的旨意,绝不允许学生参加游行示威,与学生产生了严重对立,不由自主地成了时代潮流的落伍者。7月,在学生发起的"驱方运动"中,他不得不引咎辞职。同年8月,应张謇之邀,去往南通任女子师范学校校长。但到了1921年初,便由于种种原因辞职。

在六月份的日记中,徐兆玮继续记述这场波澜壮阔的风潮对各方面的影响。"今日自高小学校起分头演说,以香厂为会集点,约计有二万人,恐警厅亦不易干涉也"、"狄君武来,言闻有按联合会名单逮捕干事员之说"(6月5日),"报载沪宁夜班有停班之说,恐铁路罢工,则欲归不得矣。然闻曹、陆下台,即日有明令,则苏商亦可从此收帆"(6月10日),"今日为津门第二次罢市,见年幼学生遂巡警站岗,为之起敬"(6月13日),"车中谈此次常熟罢课罢市风潮甚详。夜不能寐,坐以待旦"(6月15日),"钱阁已倒,政局必因之变动,不知何以善其后也"(6月23日)。

所处的社会阶层和议员身份，决定了徐兆玮对五四运动观望、忐忑乃至防御的态度。事实上，五四运动与较早兴起的新文化运动，汇成了一场规模庞大、影响深远的政治思想文化运动，时代潮流滚滚向前，必然远远超出徐兆玮与方还们的想象。

王韬的籍贯与情缘

被誉为"中国出洋看世界第一人"和"东西方文化交流第一人"的王韬,籍贯究竟是哪里?一般认为他是吴县甪直镇人(今苏州吴中区)。甪直还专门辟有王韬纪念馆。事实上,这座清代建筑是当地士绅沈宽夫旧宅。王韬的先祖居住在昆山,从祖父起迁移至甪直镇甫里村。母亲朱氏,出生于昆山锦溪镇诗礼之家,五岁时母亲就口授字义,对他的成长影响很大。甪直镇在清代雍正初年曾由元和、昆山、新阳三县分治。西属元和,东隶昆山。甫里、渡头等村归新阳管辖(新阳与昆山同城分治,县衙原址现为昆山新阳街中山堂。一直到今天,甪直东侧的南港仍属昆山管辖)。甫里是甪直的古名。唐代诗人陆龟蒙居住于此,号甫里先生,所以出生在甫里村的王韬被认为是甪直人,不难理解。

《漫游随录》是王韬的一部游记集,以时间为序,追忆一生的游踪。其中之一,记叙了十八岁时赴新阳县试时登临马鞍山(玉峰山)的情景。那天考试后,他兴致很好,与朋友大游马鞍山,登上百里楼,"御风而行,衣袂飘举"。在马鞍山绝顶处,他迎风披襟,大喊:"快哉,此大王之雄风也!"由于主持县试的官员对他的文章击节叹赏,让他自信心大增,此后每次赴考前都要登山,"马鞍山色浑如旧,每到来游例有诗"。

道光二十四年(1843)王韬在新阳县以第一名的成绩考中秀才。然而,三年后去金陵应试却落第了,这对于他的影响很深。为了谋生,他不得不去锦溪镇设馆教书。外婆家姓朱,是诗礼传家的书香门第,他在授课的同时得到几个舅舅热心地帮助,得以致力于经史之学。二十一岁的王韬胸怀大志,却难以施展,内心激昂而又苦闷。他写下了《锦溪寄怀诗》四首。其中之一写道:"寂寞锦溪路,萧条淞浦滨。橐笔情无限,捻书愿未真。交游长契阔,世事剧艰辛。地僻客朋少,村深风俗醇。庭花看尽放,檐雀喜能驯,检点诗篇富,登临景物新。"从中可以看出,他在困顿中急切期待着展翅高飞的机会。

从《漫游随录》《眉珠庵忆语》及《王韬年谱》中可以看出,王韬在十五岁时就读于甪直青萝山馆,馆主顾惺是新阳县贡生。小楼共读中,王韬与一位女同学"某女士"产生了感情。他的左臂上有黑痣,"某女士"也解罗襦以示腹部赤痣,红痕嫣然,纤纤一弯,状若新月。两人往来了几年,却未能结合。直到王韬去锦溪教书后,还写下一首《还薇阁内史》,末句曰:"银河咫尺如天样,只有宵来绮梦通。"不久,这位"某女士"便病逝了。

咸丰四年(1854),二十七岁的王韬已经去墨海书馆就职。这年夏天,他与昆山女子红蕤发生了恋情。《王韬年谱》记载:"夏天,身体不适,从上海前往昆山县笙村(城西八九里许)避暑,往忘年之交孙笠舫家,与其女红蕤阁女史相爱,有割臂之盟,愿居妾媵,旋至事乖。"王韬早已娶妻生女,红蕤甘愿作妾,但这份因缘同样没有结果。王韬写了《笙村寻梦记》一卷,"以志悔"。红蕤离去后,又作词《高阳台》《西子妆》《台城路》等,寄托了哀怨迷离的情愫。

王韬是小说家、翻译家、新闻人,又是一位多情善感的词人,著有《眉珠盦词抄》四卷。可惜大多词作已散佚。眉珠即眉月,揭示一颗永恒的红痣,象征他与"蘅阁内史"的初恋之情。他一生沉迷在冶游中,繁花过眼,却对家乡的女子情有独钟,恐怕不仅仅是因为貌美。以"眉珠"作书名,恐怕也有另一层寓意。

道光二十九年(1848),靠近澄湖的锦溪、甪直一带洪水泛滥,农田受灾,教书收入随之减少。六月,在上海以教席维系五口之家生活的父亲王昌桂不幸病逝。这是对王韬的又一次打击。恰好这时候,王韬在锦溪接到了英国传教士麦都斯的邀请,到上海墨海书馆参与编校译书。麦都斯是王韬去上海探望父亲时结识的。尽管在当时的儒士观念中,为夷人作事颇不体面,然而王韬经济窘迫,家里又有娇妻幼女,书馆的薪俸很稳定,不能不去。在那里,他广泛接触到西方的科学文化和思想方式,同时也向人们介绍西方科学文化,长达十三年。

同治元年(1862),经历了人生的急剧变化。他亡命香港,改名王韬,从事著述、翻译和办报活动,香港英华书院院长、汉学家理雅各是麦都思的好友,聘请王韬翻译了《尚书》《竹书纪年》等古籍。1867年,理雅各离开香港回苏格兰家乡,热情邀请王韬去欧洲游历,并在那里帮助翻译中国古典文献。于是王韬乘轮船从香港启程,取道新加坡、锡兰、槟榔屿、亚丁、开罗,出地中海,经墨西拿,抵达法国马赛,行程约四十余天。在巴黎,他游览了卢浮宫等名胜,并且拜访了索邦大学的汉学家儒莲。在伦敦,参观了大英博物馆、圣保罗大教堂等。牛津大学还特邀王韬以华语作演讲,这是历史上第一次中国学者至该校演讲。随即,王韬来到理雅各故乡苏格兰克拉克曼南郡的杜拉村,翻译了中国经典《诗经》《易经》《礼记》等。

王韬的一生,学贯中西,著述等身,已刊未刊的著作多达五十多种。重要著作有《弢园文录外编》十二卷,是他在香港创办《循环日报》时所写论说的精华编成的政论文集;书信集《弢园尺牍》十二卷,体现了他关于政治、经济、文教、军事、外交等各方面的改革思想。王韬的许多著作,不仅记录了这位晚清思想家一生思想发展的轨迹,也汇集了近代早期改良主义理论的精华,开启了东西方文化交流之先河。同时,他在香港创办的我国第一家以政论为主的《循环日报》,积极传播西方科学文化,宣传变法图强思想。王韬的思想对于洋务运动、维新变法和立宪运动,产生了不可忽视的影响。

与同时代人相比,王韬能有机会走出偏僻乡镇,去往异国他乡,无疑是见多识广。然而不管在哪里,他始终不忘故乡,且喜欢称自己是新阳(昆山)人。他在《答潘伟如中丞书》一文中说:

"韬,南武人鄙人也。"《蘅华馆日记》封面也自署为"南武王瀚"。南武(或武城)源自春秋时期的防御工事武城潭,后成为昆山的一个别称,王瀚则是他考中秀才后改的名字。据曾国藩幕僚日记记载,咸丰十一年(1861)七月十三日王韬向他提供自己的个人资料,写有"王瀚,原名利宾……新阳县人,附生"等。李鸿章在信函中也称他为"新阳秀才"。

耐人寻味的是,王韬的外婆家,人生第一次谋得教职的地方,曾经给予他亲情哺育,也自然而然接受了王韬的影响。古镇锦溪,民丰物阜,人文积淀深厚,学子历来有枯灯夜读的习俗。尽管地处偏僻水乡,交通不便,追随王韬的步履,清末以来陆续有一百多位莘莘学子走出国门,前往英国、日本、加拿大、德国、俄国、法国、美国等国留学,在语言、天文、植物、机械等很多领域都大有建树。百年间走出了两位中科院院士、两百多名教授,留学生之乡锦溪镇由此发轫。与王韬母亲同出一族的朱文鑫,光绪三十年(1904)留学美国威斯康辛大学,攻读天文和数理科,曾任留美中国学生会会长。宣统二年(1910)毕业回国后,为发展我国的天文事业,作出了毕生的贡献,被誉为"中国现代天文学之父"。朱氏四代"文、章、承、世"和陈氏六代"其、文、定、华、国、维",衍成绵延一百多年的留学家风。直到今天,锦溪籍的留学生仍遍布世界各地。

王大觉与《青箱集》

胡晓明教授赠我由他主编的《江南家族文学丛编·上海卷》,最近得闲翻阅,发现卷首就是南社诗人王大觉所编的《青箱集》。

王大觉,名德钟,字玄穆,号大觉。1897年出生于淀山湖畔的青浦县商榻渔荇村,从年龄推算,比我祖父略小几岁。祖父民国初年曾就读于吴江师范,在渔荇小学执教。王大觉八岁丧父,举家定居周庄镇后港街。在沈氏义庄小学毕业时,他不知怎么在考场里睡着了,良机失尽,无法继续求学,回到了商榻渔荇村,从此走上自学成材之路。我无法考证他跟祖父是否有交往,但他十七岁时所编成的《青箱集》,终究让我产生了浓厚兴趣。

《青箱集》由《琴言馆诗稿》《吟香馆剩稿》《伯瀛诗草》《泛瀛图题词》等组成,大多是他祖父和曾祖父的遗作。取名"青箱",有清芬世泽,传之不替的含意。1915年由上海国光书局出版。他的祖父王炳华,字伯瀛,清咸丰年间举人,曾祖父王浚,饱读诗书,作品颇丰。值得注意的是,这部书的版权页"发行所"一栏下印有南社、竞雄女校、周庄沈氏学校等名谓。校勘者陈去病,作序的柳亚子、丁逢甲、陈去病等人,都是南社创始人或早期成员。

柳亚子的序言,充溢着慷慨激昂的书生意气。他说:

> 吾友德钟为思堂翁六世裔孙,年少英发,惧先德之勿彰,乃发箧陈书,次为《青箱集》一编……方今长蛇封豕荐食未已,而冢中枯骨者流,且不惜割地事秦,以图小朝廷之安乐,觍伊川之被发怆,百年而为戎,盖天下大势可知矣。

落款时,还特意写下了"民国四年国耻纪念后四十有七日"的字样。

1913年,十五岁的王大觉离开商榻渔荇村,定居古镇周庄。一年后,与柳亚子结识于黎里金镜湖畔,很快就参加了南社,并且在《南社丛刊》中发表诗文。在南社成员中,王大觉的年龄是最小的,他比柳亚子小十岁,比陈去病小十八岁。丁逢甲则是他在周庄沈氏义庄小学就读时的老师。然而他才气横溢,风度倜傥,陈去病对他的评价很高,说他作的诗"有压倒流辈,与古人可媲美"。柳亚子在1916年写给王大觉的诗中,也有"学书学剑成何济,闲熬屠龙倚马才"的句子。

王大觉祖父王浚的《琴言馆诗稿》中,有一组杂诗,描绘了他游览苏州山塘、虎丘、灵岩、穹窿等名胜的感受。与昆山有关的诗,也有好几首,如《望小昆山传是二陆读书处》《鹿城寓次主人出示古剑》《马鞍山》《泖湖》《顾文康祠》等。《顾文康祠》一诗转录如下:

阅代无人洒泪过,怆怀铜狄一摩挲。

残松落日山争立,老屋无人鸟占多。

白发丝纶承制久,青词台阁奈才何。

后贤别有千秋在,不逐豪华付逝波。

诗后还有附言:"祀公后裔太史讳锡畴甲申殉节。"诗句不仅描写了一百五十年前——清道光、咸丰年间马鞍山(玉峰山)下顾文康祠堂黄昏时分凋敝苍凉的景色,怀念一代名宦文康公顾鼎臣的一生,也道出了诗人"不逐豪华付逝波"的志向。

《马鞍山》一诗中,有"朗然玉山行,玉山迥绝俗","见示玲珑玉,买得一卷归"的句子。王浚写了自己一连十天游马鞍山(玉峰山),朝夕踏山,取径凌霄,流连忘返的情景。最大的收获,却是买到了一件玲珑玉——昆石。对于他,还有什么比这更珍爱的呢?

他还有一首《衍度庵石神歌》。诗序曰:"神姓石讳仔,韩蕲王裨将。金人南下,分镇此乡,淀湖滨韩上村即其驻兵处也。衍度庵有将军石像,身衣甲,手一剑,石色莹然,光可鉴人。今庙貌圮颓,居人犹奉香火不绝云。"诗中歌颂了石将军追随韩世忠抗金可歌可泣的业绩,也表达了自己对英雄的敬仰之情。供奉石将军像的衍度庵,位于淀山湖西南岸(今属青浦区金泽镇),地处吴淞江出海咽喉。这段文字,给我们提供了研究淀山湖地名变迁的生动史料。

由这些诗句不难想见,王大觉是传承了祖父的性格。

元和县(今苏州市古城区东南部及工业园区)丹青名手陶诒孙曾经为祖父王伯瀛作过《泛瀛图》两帧。王大觉在《泛瀛图记》中有这样的描写:"悠然见岛树微茫,烟云明灭,番舶帆樯,随波上下。日月之升沉,鱼龙之变幻,潮汐之往来,与夫玉宇琼房,云芝碧柰——罗于胸中,恍如席挂银潢,槎浮弱水,栩栩然,几忘吾之为吾,图之为图,只觉此身已在阆苑琼池间。"

当时的文人,如元和袁学澜、杨阴传,吴江柳清源,长洲陶然,华亭张鸿卓,青浦金玉等人,纷纷诗词唱和,赞颂这件以海天泛舟、乘风破浪为题材的佳作。王伯瀛更是十分欣悦,自题长诗一首,表达了"我欲海外访奇境,天风送我万里舟"的豪迈之情,诗云:

> 海底蛟鲸跋浪起,潮头百丈挟奔沙。
> 如此风浪不可渡,苍茫那记来时路。

与王浚的诗相比,考取过举人的王伯瀛,诗的题材更加广阔,举凡游历、题壁、遣怀、感时,都有许多得意之作。他的诗句不重叙事,而偏重于情感的宣泄,如《哀流民》《慨所闻》《挽少伯》《遣悲怀》等,仅仅从诗题就不难看出诗人胸中汹涌的情感波澜。显然,这一切跟他的学识、经历、视野是分不开的。他曾经与友人借北上会试之机,登泰岱,谒孔林,观登莱。每至深山万壑中,则下车策杖，独探幽胜，很有些徐霞客的风范。即便是残画、破砚、断碑，也能触景生情，写出耐人寻味的诗句来。这一首《断碑》，就写得很有沧桑感：

水涸山荒石不支，文章勋业有余思。
人间兵燹数当厄，天上雷霆劫更奇。
蔓草离离沉片碣，夕阳淡淡倚荒祠。
千秋独有昌黎笔，万丈光芒日月垂。

最有见地的，却是那一首《读书》。他把读书人为八股文所累的苦楚，写得淋漓尽致：

读书吾所好，苦为俗尚拘。时文习八股，刻意归时趋。
羁绁不得逞，如局辕下驹。矜言法外法，却是愚中愚。

王大觉不仅将祖父和曾祖父的诗作编辑出版，自己也继承了先人的遗风，成为一位颇具影响力的南社志士，在清朝末年国事日非的时刻，紧随柳亚子、陈去病，常常以诗文骂世，被称为"东江诗人"。著有《乡居百绝》《鸳鸯湖即事》《琅琊碎锦》《咒红忆语》，部分诗作选入《风雨闭门斋诗文词集》。辛亥革命以后，袁世凯窃国，王大觉愤而起草了《讨袁檄文》，登载于《南社丛刻》。1919年，任《民国日报》文艺小说栏编辑。1925

年,创建周庄红十字会,担任会长,为贫济医,施药种痘。由于患病,于1927年中秋时节逝世,年仅三十岁。正亡命日本的柳亚子,特意寄来了悼诗,其中有"嗟予亡命日,是汝首丘时"之句。

状元毕沅的故事

毕沅和他的母亲

有人曾以《水浒传》梁山英雄排座次的方式,评点清乾嘉时期的诗人,称毕沅为"玉麒麟卢俊义"、沈德潜为"托塔天王晁盖"、袁枚为"及时雨宋江"。虽然不免有游戏笔墨之嫌,但从三足鼎立的"诗坛都头领",可以看出毕沅诗名的显赫。他的启蒙老师却是自己的母亲。

毕沅,字纕蘅,又字秋帆,清雍正八年(1730)出生于镇洋县(今江苏太仓),幼年失去父亲,生活在单亲家庭里,由母亲张藻一手养育成人。张藻出自长洲(今江苏苏州)书香门第,是当时吴中颇有名气的才女。她不仅能写诗赋词,而且学问渊博,著有《培远堂诗集》传世。在她的悉心教育下,毕沅年仅六岁就能读《诗经》《离骚》,十岁时便通晓声韵,善作诗文。为了让儿子进一步深造,张藻又亲自把毕沅送到苏州灵岩山,拜著名学者、诗人沈德潜和经学大师惠栋为师,以进一步拓宽视野。

后来,毕沅考中状元,离京赴陕西出任巡抚时,张藻以母亲特有的情怀,作《训子诗》二百七十言,期望儿子"不负平时学,弗存温饱态；上酬高厚恩，下为家门庇"。张藻病故后，乾隆皇帝特赐御书"经训克家"四字褒扬。毕沅为了铭记母亲和皇上的恩赐，特将室名称作"经训堂"，将自己的诗文集名为《经训堂集》。

母亲对诗词的爱好，自幼耳濡目染，影响着毕沅。他在《自题孝闱授诗图卷首序》中这样记述道："沅甫十龄，母氏口授《毛诗》，为讲声韵之学。阅一二年，稍稍解悟。继以《东坡集》示之，日夕复诵。遂锐志学诗。"苏东坡的诗文，母亲悉心传授，他自然而然地将苏轼作为毕生崇敬的对象。从乾隆三十七年（1772）开始，他召集门下幕宾为苏轼生日设祀纪念，每年到了十二月十九日，都要举办生日会，悬挂明代陈洪绶绘制的苏轼肖像，命伶人吹奏玉箫铁笛，自制迎神、送神之曲，率领诸名士、属吏、门生衣冠趋拜，即席赋诗的有数百人，被称为当时的盛事。这样的文学活动，持续了很多年。

母亲张藻的知识面比较宽，所以毕沅的效仿者，不仅仅局限于苏东坡。他时常在自己的诗文中提及，"诗则李杜，文则柳韩"。事实上，秦汉唐宋诸大家，都在其敬仰之列。他几乎读遍了他们的作品。清初涌现的诗文名家，他也努力学习。比如太仓诗人吴伟业就是一个榜样。"我是娄东吟社客，瓣香私淑不胜情"，他以这样的诗句，表达了对同乡前辈吴伟业的爱戴。

二十二岁那年，毕沅奉母亲之命游京师，就学于舅父张凤孙。张凤孙是长洲（今江苏苏州）人，著有《宝田诗抄》。当时的人们对他有"诗辞秀丽，凌轹一时"的好评。得到他的指点，毕沅受益匪浅，诗文创作得到了长足的进步。与毕沅交往颇深的学者王昶曾经说："秋帆制府，少得诗法于其舅张郎中少仪。"毕沅对舅父的评价也很高，称"才名苏玉局，词赋马相如"。毕沅晚年在编订《灵岩山人诗集》时，特意邀请张凤孙为之作序，显然表达了饮水思源的心意。

家族文化的影响是无形的，也是深刻的。母亲张藻、舅父张凤孙不仅左右着毕沅的文学生涯，也使他懂得如何尽自己的力量，帮助年轻一代，让他们能顺利成长。毕沅一生博学多才，在潜心研攻经史的同时，十分敬重文士，尤其注重扶植后进，"一时名儒，多招至幕府"。据他的门人洪亮吉记载："毕沅爱才尤笃，人有一技之长，必驰币聘请，唯恐其不来，来则厚资给之。"（《更生斋集文甲集》）著名学者章学诚、孙星衍、洪亮吉、汪中、段玉裁等人，都曾受知于其门下。这成为文化传承的一段佳话。

一封平安信

二十多年前，在南京博物院库房，我曾有机会见到两串翡翠佛珠，每串各十八颗，碧澄、圆润、翠亮，颗颗几乎看不出差异，无疑取材于同一块大料。串首缀以粉色碧玺。据说，这是从状元毕沅的墓地出土的。以价值连城来形容，丝毫也不为过。

关于毕沅，民间故事流传的最广的一则，是说他写一手臭字，考中状元纯属偶然。殿试前夕，他无奈地代替同僚诸重光在军机处值班,收到陕甘总督以伊犁平定,宜兴屯田,奏请留兵五千的奏折。毕沅恰好无事,细细读了这个奏折。谁知,第二天金殿射策,竟有两道关于屯田的策问,他回答得头头是道。于是乾隆皇帝钦点他当了状元。

其实毕沅不仅文才出众,书法也很有功力。最近在藏家那里读到了他的一封手札,写得秀润华美,正雅圆融,颇有馆阁体风韵。

毕沅的手札,上款题为"老世叔",落款则是"世侄毕沅手启"。从透现奉承语气的"履祉凝和,政成化洽,鸣琴奏绩,上考荣膺,伫见凫舄高骞,定在指顾……"字句中,我们可以看出,这位老世叔应是官场高士,毕沅致以问候,也是向他报一个平安:

> 沅自调抚中州以来,河防赈务摒挡靡宁,差喜今岁旸雨应时,麦秋大稔,间阎景象日渐改观,守土者庶可稍为慰藉耳。

与很多状元郎一样,步入仕途后,毕沅享有一段飞黄腾达的日子,却也跌宕起伏,经历了艰难曲折、跌宕起伏。

乾隆三十八年(1773),毕沅擢任陕西巡抚。当时黄河、洛水、渭河泛滥成灾,他开仓赈济,解救了不少人的性命。并且募民开垦荒地八十余顷,疏渠灌田。置姬氏《五经》博士,奉祀文、武、成、康四王及周公墓,还修缮了华狱庙等名胜古迹。因为功绩出众，赏戴花翎。但两年后，发现一个名叫高朴的官员在叶尔羌私采玉石，偷运回京。他审讯高朴的仆人，却一无所获。乾隆严厉斥责毕沅草率。乾隆四十四年(1779)，因母亲去世，离职守丧。第二年，陕西巡抚缺员。乾隆急忙让在家守丧快一年的毕沅，署理陕西巡抚。乾隆四十六年(1781)三月，甘肃河州发生内乱，毕沅会同西安将军伍弥泰、提督马彪等，率兵前往镇压，立下功劳，乾隆赏毕沅一品顶戴。谁知道，甘肃一些州县谎报灾情，冒领赈济，毕沅未据实参奏，乾隆让毕沅自行定罪。毕沅请罚款白银五万两以充军饷，御史钱澧奏劾毕沅之罪应与冒赈等同。于是乾隆降旨，褫夺一品顶戴，降为三品。

乾隆五十年(1785)二月，毕沅从陕西巡抚调任河南巡抚。到了中州(河南古称)，毕沅面对艰辛世象，很想舒展手脚，大干一番事业。他上疏说，黄河北岸一带连年干旱，租税收不上来，仓廪空虚，请求截留漕粮二十万石备用；并要求各地不得私自囤积粮米，以平粮价；疏通贾鲁、惠济河，以利漕运。他的奏请都获得了诏准。随即奉诏调查淮水的发源地，查明源自桐柏山。乾隆帝御写《淮源记》赐予。

这封报平安的手札，很可能是在这一年秋天写的。虽寥寥数言，却显现他对自己的政绩是满意的，甚至还有几分得意。"河防安宁，麦秋丰收，社会面貌改观，足可告慰老世叔。"

乾隆五十一年(1786)六月，毕沅受赏赐黄马褂，擢湖广总督。然而他万万没想到，伊阳县(今河南汝阳)杀官首犯秦国栋等人迟迟没有缉获,乾隆又将他罢归陕西巡抚。清代官场的"平安",就是如此短暂。他没有别的选择,只能认命,含泪离开苦心经营一年多的中州。

关于毕沅的人品,后人批评比较多的,是他曾巴结过太上皇的宠臣和珅,不仅赋诗十首,还"检书画铜瓷数物为公相寿"。以致嘉庆皇帝登基后,下令褫夺世职,籍没家产。但是也有人说,毕沅虽然送了礼,却保持警惕,终身不与和珅交谊,也是保持了气节。真相究竟如何,且听且思索吧。

诗咏娄江

毕沅有多首以娄江为题材的诗。从诗句不难看出,在漫长的官宦生涯中,他先后任职于京城、陕豫、湖广,走过无数名山大川,写下不少行旅诗,却常常有莼鲈之思。当有机会返回家乡,乘坐的船儿行驶在古娄江上时,便无法抑制内心的情感。

其中有两首五言律诗,风格相近,甚至有两句基本相同,只是修改了一个字。"路近心还远,家门隔半程。风光饶绮丽,城郭记分明。酒价丰年减,乡音久客生。吴淞春水碧,澹荡写离情"。船即将抵达昆山,看得见巍峨的城墙,感受到沿途的景色。登岸歇息,沽酒话乡音,心腑间弥漫的是离情别绪。这首《望昆山》,似乎是写他告别家乡镇洋(今江苏太仓)北上,去往京城做官之际,流露出低调的踌躇满志。另一首《入娄江界》,则是从远方回到故乡:"已抵娄江界,还家半日程。远峰多画意,古木易秋声。酒价丰年贱,乡音久客生。入门看弟妹,不寐话离情。"总算进入娄江了,到家只剩下半天路程。他站立在船头,眺望秋日里的玉峰山,在天穹下呈现诗情画意。近乡情更切,他迫不及待地想见到亲人,哪怕不睡觉,也要倾诉离情。

与之相映衬的,是毕沅在上元节傍晚返家,写下的四首诗(见《灵岩山馆诗集·萍心漫草》)。其中第二首:"渺渺吴淞路转遥,星河络角丽层霄。金钱费尽千回卜,难得团圞是此宵。"字里行间,透现的是故乡的拘牵和他对亲人团聚的热望。

然而,娄江给予他的,并非全都是温馨的企盼、愉悦的向往,也有孤寂的忧愁、荒疏的悲凉。他的《秋夜行娄江道中》如此写道:"空罾络残月,断岸无人行。几枝疏柳边,微逗渔灯青。水村半荒落,竹扉向宵扃。不闻人语响,但闻犬吠声。萧然乍寒意,写出江天情。幽怀纵孤棹,寂景澄空冥。更阑襟袖湿,篷背霜华明。"(见《灵岩山馆诗集·砚山怡云集》)夜幕下的娄江,水村荒落,渔火摇曳,寒气沁人。四处听不见人声,唯有狗吠。这一切愈加衬托出孤棹中的他无比寂寥的幽怀。更深夜阑,想到动情处,忍不住泪洒衣襟。毕沅只是写心情,但依然让我们明白,在沉浮起伏的仕途中,从来不可能一帆风顺。哪怕官宦显耀,位高权重,也难免遭受某些事件的牵连而贬谪。生活在乾隆、嘉庆年间的朝廷命官毕沅,无法逃脱这个规律。

也许正是领悟到了官场的潜规则,毕沅写下这样的诗句:

"吴淞之东娄水曲,风物不数莼与鲈。渔人编箝络秋水,水底萧纬曲复纡……客中时作故乡梦,清兴不减烟波徒。即此一物动秋思,江乡风景良独殊。何处插篱种黄菊,几人弹铗歌无鱼?不如东归恣快意,旧约不啻偿宿逋。"这是《食蟹次笏山先生韵四首》中的第二首。看起来,是在歌唱娄江风物,赞赏肥美的螃蟹,其实却在倾诉无限秋思。采菊东篱下,悠然见南山的陶渊明,因莼鲈之思而弃官返乡的张翰,何其令人羡慕!"不如东归恣快意",清楚地表达了他彼时的心态。

陆毅断案的法、理、情

陆毅,是晋代文学家陆机的后裔。陆氏一支在元代从上海松江迁徙至太仓,到陆毅已是第十二代。陆毅考中进士后,于康熙三十三年(1694)到江西新建县任知县,他"为政精勤,修水利,举义学,捕剧盗,察冤狱",擢升户部主事。后官至陕西道监察御史,协理山西道事,奉命巡视北京中东两城。陆毅著有《自知录》二卷,记述了自己在江西新建县任上,如何依照法、理、情断案的故事,以及他对此的反思。

其中一则说,一个姓熊的孝廉(举人),与王姓乡民争夺一块坟地。熊孝廉请托备至。陆毅来到现场察看,发现有一个土堆在水边。熊孝廉称,这是远祖诰封的坟茔,由于年岁久了,所以没有碑记。乡民王氏却说,这是父亲当年所构建的生坟,尚未营葬。陆毅仔细询问了左邻右舍,人们几乎都在为熊孝廉袒护。于是他诘问王氏,生坟可以砌砖吗?王氏回答:按照本地的风俗,生坟只构筑土穴,藏器物在其中,待日后打开,以作检验。陆毅顿时明白了,说这个案子即刻就能判。假如是诰封的坟茔,砖灰必然凝固,现在只见到泥土,搜寻旁边的土地也没有发现伤过地气。熊孝廉十分惊惧,赶紧答应把坟地让给王氏。陆毅事后作了密访,证实诰封之说完全是虚构的。左邻右舍迫于孝廉的气焰才帮他说话。陆毅十分感慨:这样的人,哪里还值得怜悯呢?

臬台有一个姓杨的家仆,酗酒后行为不法,被关押在县狱内。上司命令绝其食。陆毅说,这人虽然可恶,却并非死罪呀。枷责示惩后,把他押解原籍就可以了。他据理力争,将杨氏押回陕西。心想,这也就算结案了。谁知道,某一天臬台突然告诉他,那个姓杨的恶仆,因为你的姑息而没有死,最近又回来干坏事了。你还不赶快把他抓来,卒毙狱中!陆毅听了,正色道,臬台公掌管法纪,即使杨氏是一个囚犯,也必须明正典刑。何况他是逃回,哪怕再犯也不至于死罪。臬台坚持要严判,陆毅请求臬台把杨氏交给自己,一定依法治之。他用大枷将杨氏枷了一个月,再三告诫后予以释放,还给了一笔路费。杨氏叩头后回乡,从此如脱离樊笼的鸟儿,再也没有出现。

显然,掌管法纪的官吏也不能随心所欲,哪怕是处罚家仆。

还有一则故事跟陆毅的家童有关。一天,一个姓吴的商人在路上遇见他的家童,说自己受人欺负,想请县官大人帮自己出气。表示昨天已经拿了一枚金钗,托人登门疏通关节。家童十分惊讶,急忙回来禀报陆毅。很快查明,他委托的是寓居在万寿宫的一个光棍,金钗此刻还在光棍的怀里呢。陆毅从这件事引发深思,不由感慨道:客人愚,县官更愚。说客人愚,本来他理直气壮,却偏要挟金行贿;说县官愚,明知应该据理判事,反而令旁观者售其奸。"权术变化,使人不测其可乎?"

赣州府某县出了一件大案:五个人强奸了一名妇人。妇人供述的奸状历历如绘。原来,那五个人先是与妇人的丈夫斗殴,丈夫赶紧逃走了,他们就在他家杀鸡做饭喝酒,醉饱后将妇人轮奸,随即扬长而去。第二天丈夫回家,妻子向他哭诉,随即报官。陆毅仔细一想,疑问就来了,妇人为什么当天不报,也不呼救?是因为居住在孤村,前后无人?谁知道那五个人承认斗殴,承认醉饱,却绝不承认强奸。强奸尚未找到证据,但光凭妇人一面之词不足为证。再想,妇人遭受如此奇耻大辱,性格节烈的或许不愿活了。她一时无援,事后呼喊于邻里亲戚之门,应该不怕天色昏暗,路途遥远,她却忍耐着,一直等到丈夫回家才痛心疾首。其实是为了发泄与五个人斗殴遭受的屈辱,冒险设下的苦肉计,以图一逞。陆毅说,如果我相信妇人,那就太愚蠢了!

这个案件让陆毅得出一个结论,衙门差弊多端,从根本上说是有一班讼棍在包揽主持。他曾经诘问办事的小吏,为什么粘住这个案件不放?小吏说,我是道里熟、办事勤。陆毅呵斥道,你做了手脚,以为我什么都不知道吗?这样的差事是某人乞告、某人求情得来的。于是他立即采取措施,在县衙大堂揭簿查名,随标随发,让内外人都无从措手。这样做了以后,弊端果然明显减少。

陆毅处理过一起兄妹争产案,案情是这样的:有一家姓朱的兄妹争家产,兄长千方百计托了人,在案件审理之前求得一见新建县知县陆毅,避开所有人的目光,急忙拿出藏在衣袖里的一函银子送给陆毅。他说:"这只是小心意,事成以后,还有数倍的酬谢。"陆毅把银子藏在靴中,揖手而出,按时升堂听审。在堂上,这个兄长盛气凌人,很不愿意讲道理。陆毅便把朱姓族人都叫到堂前,拿出藏了贿银的靴子,让大家与兄长一起察看。他真切地告诫道:"你们兄妹是亲骨肉,决不能伤害,这些银子赶快去设席置酒,劝说彼此和好。否则银子进入国库,还想挽回就来不及了。"兄长低下头,什么话都说不出来。兄妹的纷争,很快平息了。

陆毅办理此案,既没有援引任何法律、法例等,也没有参照先例,完全是随机应变,临事处断,依"情理"办案。他甚至还没有喻之以理、动之以情,也没有采取斥责、规劝、说服等各种所谓中国传统的"调解手段",而是拿了兄长的贿银,放入靴子,接着又在族人面前暗示以此为物证,胁迫兄长设席置酒,主动与妹妹和解。贿银就作为酒席费用了。从处理结果看,他对当事人所面临的具体情况,予以通盘考虑,尽可能地都照顾到。既守住了兄妹间的亲情,也遵从了上司的要求,考虑到同僚的前程,对自己也没有造成负面影响。

在依照现代法律理念,陆毅办案的方式和结果是不太规范的,甚至有违法之嫌。然而,明清时代官员听讼断案时将国法、天理、人情并用的做法,仍能引起我们诸多思考。

阍人三阻韩愈以后

充满自我奋斗精神的韩愈,以"千里马"自诩,可惜总是遇不上伯乐。二十五岁考中进士后,竟然长期得不到任用。在都城长安,他三次上书宰相请求擢用,谁知道被待命四十几天。"足三及门,而阍人辞焉",接连三次被阍人(守门官)无情地拦在宰相门外。如此冷遇,对韩愈的刺激不言而喻。这或许不全是坏事,促使他写出名篇《马说》,深深感慨:"世有伯乐,然后有千里马。千里马常有,而伯乐不常有。"

明代文人陆容曾写有《设阍人对宰相》(《娄水文征》卷十二)一文,讲述韩愈三次上书后若干天,宰相召见守门官,与他有了一番对话。这其实是陆容的虚构。作为文学家,他借韩愈与众不同的境遇,讲述自己的人才观,实在是别开蹊径。

这天,宰相特意把守门官招来,十分严厉地批评道,你的职责仅仅是"通命令,司出入",凭什么屡次将韩愈韩昌黎这位贤士拒之门外?俗话说,恶莫大于蔽贤,罪莫加于专命。"壅上德而郁下情"的弊病,就是从你这里开始的。阍人赶紧匍匐在堂下,叩头说,臣确实有罪。然而,希望您听我讲完几句话,再用斫刀和大斧处罚我,也来得及。

守门官定了定神说,宰相大人,您事从君主,必然要用心去寻求天下的贤才,为社稷所用。怎么会自己知道那是人才,仍然随意将他抛弃呢?但是,如今天下的很多士子,"学焉如愈,可谓博矣,行焉如愈,可谓成矣,道焉如愈,可谓有闻矣,文词焉如愈,可谓雄深而奇古矣"。现在天下的许多读书人,他们似乎很能包装自己,乍一看起来,就像韩愈一样,满肚皮是雄深而奇古的学问。但,假如大人您以这样的名义把他们推荐给天子,"俾沾一命之荣,以位百僚之职"。他们做了官,您却不知会蒙受怎样的羞愧。这些贤士,不过徒有虚名而已。假如让他们杂处在贫贱之中,空乏其身,冻饿其妻子,甚而屈心抑志,忘其自所重而哀鸣于相君之门,到处求告,或许他们的贫穷就可能到此为止了。然而,这不仅仅是人才之不幸,更是相君之不职——宰相大人,您并没有尽到职责啊。

表示甘愿接受斫刀和大斧处罚的守门官,态度非常谦恭,话锋却很犀利,直言不讳地将矛头对准了宰相大人。这让宰相大人颇感意外,不知道该说什么好。

守门官略一思忖,复又说出了一番道理:韩愈自然是当今的贤士。他很求上进,却遭到了我的阻拦,必然感到难堪,浑身不爽。幸喜他因此而自悔,"则必舒徐静退,遵养高致,不有邱园之贲,不苟起焉。是今日之人才,亦伊尹太公其人也"。韩愈之所以能成为与辅佐商汤的伊尹、辅佐文王武王的姜太公一样的人才,他的内心经历了一个自悔、自重、自强的过程。而从根本上讲,由于您宰相大人"高其自重而不苟,悯其久穷而不挠,幡然愧赧,咎己之不能知其贤而进之也"。现在,您终于认识到了韩愈的才华与品格,后悔当初没有尊之以高爵,养之以厚禄,任之以重权,使韩愈充分施展才干。否则,您不也就能成为文王武王这样的人了?这件事上下间的责任,不是再清楚也不过的吗?

讲完了,守门官忍不住问一句:"我这守门人,究竟何罪之有?"

宰相听完他的叙述,不由恍然大悟。他怃然叹息道:"把韩愈拒之门外,是我的罪,我的罪呀!"

其实,事情并不是如此简单。当时,韩愈尽管遭受守门官的三次阻拦,无法得到宰相的重用,他仍然声明自己"有忧天下之心",不会自暴自弃,遁迹山林。经历挫折以后,他孤身来到汴州,依附于宣武节度使董晋。董晋逝世后,又去依附武宁节度使张建封。仕途是如此坎坷,更由于当时奸佞当权,政治黑暗,贤才无法舒展才华,使他痛感明主难遇,所以才有"伯乐不常有"之叹。在经受了切肤之痛而写下的《马说》一文里,韩愈借助伯乐和千里马的传说,将愚妄浅薄的统治者比喻成"食马者",将人才比作"千里马",运用托物寓意的手法,揭示了千里马的遭遇。显然,韩愈之成为韩愈,是他往往比别人思考得更深一层。

韩愈的文章,形象地阐述了人才屡屡被埋没的原因,以及对统治者有眼不识英雄和摧残人才的现象进行了猛烈的抨击。并且呼吁,这个现实是"伯乐不常有"造成的,是"食马者不知其能千里而食"所造成的,是那些不能正确对待千里马的人造成的。自然,他无法超越所生活的那个时代,仍对统治者寄予深切的期望,希望他们善于识别人才,使千里马真正能够获得迎风腾跃的机会。

韩愈官至吏部侍郎,又是唐代古文运动的倡导者,被誉为"唐宋八大家"之首,对后代影响很大。苏轼在《潮洲韩文公庙碑》中赞誉有加:"匹夫而为百世师,一言而为天下法……文起八代之衰,而道济天下之溺。忠犯人主之怒,而勇夺三军之帅。"

然而,我们也不能回避这样的史实:韩愈的文章曾巧令辞饰,把一个贪赃枉法,无所不为的昏官李实塑造得形象高大。当李实下台之日,他又词锋一转,大加鞭笞。顾炎武先生尖锐地指出,号称有"文起八代之衰"美名的韩愈,之所以会闹出贻笑千古的笑话,既是寻求个人利益的结果,也是学界趋炎附势、浮躁恶劣的风气的反映。"岂非少年未达,投知求见之文,而不自觉其失言者邪?后之君子,可以为戒"(顾炎武《日知录·文非其人》)。其中原委,并不是由于被守门官三次拒之门外。后世的君子应该引以为戒。作为一个伟大学者,顾炎武的见解鞭辟入里。

生活在明代正统、弘治年间的陆容,与张泰、陆釴齐名,并称为"娄东三凤"。虽然诗才比不上张泰、陆釴,但是比他们博学得多。明成化二年(1466)考中进士,授南京主事,进兵部职方郎中。当时,朝廷打算从国外引进狮子,派遣大臣前往迎接,被陆容谏止。不久他迁任浙江右参政,在任上颇有政绩。后来,由于性格使然,终于因得罪权贵而被罢免回乡。逝世时,年仅五十九岁。显然,这是一个夭折的人才。

陆容的《设阍人对宰相》,看起来只是守门官为自己辩白,以获得解脱,其实阐述了如何当好伯乐,如何识别千里马的道理。身处高位的人能掌握人才的命运,而人才反过来也可能影响你的前程。伯乐与千里马,原本就是相辅相成的。"屈心抑志,忘其自所重而哀鸣于相君之门"的奴才相,无疑正是阍人三阻的缘由。文章所强调的"自重而不苟,久穷而不挠"的贤士品志,也就格外发人深省。

"掌风化之官"

明末清初文学家周亮工在《印人传》中,讲了一个海瑞印章的故事。他说,有一天一位南京的老友,手持一函赠与他。称函内印章是当年海忠介公的旧物,而老友祖上在海瑞衙门做事。周亮工曾祈梦于吕公祠,没想到不多久竟得到这个印章,心里十分诧异。仔细看去,印章质地是黄泥,略煅于火,镌有"掌风化之官"字样。他发觉,海瑞严气正性,肃然于前,凛不敢犯,立即把印章藏在笥箧里。

后来,朋友何次德之子延年,观赏到了周亮工珍藏的海瑞印章,颇有所感,不由为之写下了一首长诗。在叙述了祈梦吕公祠和得到印章的过程后,有这样的诗句:"有客远寄书札至,赠以一方小印记。非金非石非犀玉,不范不陶自成器。五字配就良可观,乃是掌风化之官。纽作豸文简而朴,四边不窳坚且端。遍讯鉴赏访博识,考稽知为海公物。当年图章积如山,一旦弃捐曾不惜。昨日公余开华筵,手持此章夸客前。欲作长歌志缘起,谁人妙笔为之传。"

众所周知,清官海瑞的一生以大公无私、刚直不阿而著称。他遗物中的这枚印章,不是金石也不是犀玉,只是加工过的黄泥,朴素至极。所镌"掌风化之官"五字,意为掌管社会风俗教化的官员,透现了他的自我诫勉,耐人寻味。

文天祥遗留的印章,与之有异曲同工之妙。这是一枚铁印,侯官(今福州市闽侯县)的农夫在田里耕作时发现。后来归一位年老的读书人所有。周亮工说,他在福建当官时,曾想以金钱买下,读书人不肯。出更多的钱,还是不肯。手下人告诉周亮工,这枚铁印,读书人是大派用场的。周围的人们患病或有疮疖,只要用铁印一镇,就能治愈。后来因为求医的人太多,有些人路途遥远,读书人不能前往,便将印章盖在纸上,一一卖给他们。贴在门楣或额角上,也能治病。

周亮工十分感慨,说:"此印不知何时遗田间。其在厓山兵败走安南时耶?丞相死柴市,张千载自燕山持丞相发与齿归。嗟夫,此亦丞相之发与齿也。"

他觉得,文天祥为元军捕获,从容不迫地赴死。所遗留的,唯有头发与牙齿。这枚铁印,也是他的发与齿。鬼神见了,哪儿能不钦服呢?不过后来听说,印章渐渐地不灵验了。

清人姚燮的《贺新郎》,写了文天祥的铁如意:"是铁还非铁。是公心、是公愁泪。紫纠苍结。葵柄尺三银篆六,姓氏日星高揭。相映耀、西台苦节。天意指麾如臣意,恁河山、似瓮悲南裂。"从字里行间,颇能感受文天祥的铮铮铁骨。

周亮工还讲了一个东林书院印章的故事。他说,这枚印章,是顾泾阳先生家里的故物。不知怎么,从朋友那里看到它,"盖怆乎有余恫也"。

他的老师,政治家、收藏家孙承泽从北京来,给他讲述了东林书院的变迁。创建于北宋政和元年(1111)的东林书院,是理学家程颢、程颐嫡传高弟、知名学者杨时讲学的地方,后废。明万历三十二年(1604),由东林学者顾宪成等人重兴修复,并在此聚众讲学,倡导"读书、讲学、爱国"的精神,引起全国学者普遍响应,一时声名大著。由于东林党人开放言路,指责朝政,触动了大太监魏忠贤,后来遭受惨重打击,东林书院随之被拆毁。杨涟、左光斗等东林党人遭到魏忠贤及其党羽的杀害。这枚印章,不知怎么流落民间。

孙承泽经历多年宦海浮沉,清顺治十一年(1654)"老病告休",开始著书立说,对东林党、东林书院寄予的同情,使周亮工受到很大感染。他发现,即使是区区一枚印章,也带着巨大的阴影,足以令人心悸。

蒲松龄的形与影

蒲松龄的《聊斋词》，上下两卷，收录了一百十几首词作。尤其引人瞩目的是四首《金缕曲》，分别以"形赠影""影答形""影赠形""形答影"为题，独具一格。他曾经判析过自己科场失败的原因，一是考官滥选，二是自身不争，三是命运驱使。而在聊斋先生的这四首词中，参互为文的形（肉体）和影（灵魂），在赠答对话中作自我嘲讽，自我调侃，自我勉励，也显现了足够的自知之明。

出生于日渐败落的地主兼商人之家的蒲松龄，年少聪慧，曾接连考取县、府、道三个第一。后来却屡试不第，71岁时才成岁贡生。命运之神跟他开了一个很大的玩笑。蒲松龄在词作中，对自己的所经所历，有着比较清醒的认识。《金缕曲·形赠影》中称自己的形，"似梅花寒骨相"，而评说自己的影，"怜君更比梅花瘦"。"只恐含沙多鬼蜮，慎观河、莫叹容颜绉，同命鸟，勿孤负"。他当然意识到，在一个各种社会矛盾交集的时代，读书人不畏强暴、不附流俗的性格，是很容易招致排斥甚至敌视的，因而不无担忧地自我劝说。

那么，他的影，又作出了怎样的回答呢？《金缕曲·影答形》如此写道："问何事悲歌斫地，夜灯摇碧？磊落崟崎谁拔汝。揽镜共嗟头白。况冉冉驹光过隙,岂若拥衾长合眼。"内心深处,似有一股难以抵御的疲倦隐隐袭来。理智告诉他,"磊落欹崎"的狷狂性格,怎么可能会招人喜欢呢?既然在试场得不到提拔,那就算了吧。时光如白驹过隙,流逝得何其快,镜子里陡生的白发不能不令形与影一同嗟叹。黑甜里各休息,也算是一种办法。

平心而论,蒲松龄颇有直面困窘的勇气,却一直难以找到解套的良策。年年失望年年望,场场挣扎场场输。对于四十年漫长岁月中的科场失意,他并没有刻意回避掩饰,也没有故作高蹈。他当然也发现,自己的品行操守与科场失败之间,有着某种难以割裂的关联。将理想的失落归结于自己的性格特异、不同流俗,似乎是一种无奈,却具有鲜明的"聊斋"特征。假如我们从正向来理解,这样的反思意识具有砥砺人格的积极意义,也颇有社会批判的理性价值。

在《聊斋词》的一些词作中,蒲松龄曾以剑光、梅花、鹰隼、吴钩、肮脏骨等富有象征和隐喻意味的文学意象,来作为自己狂士性格的衬托。但,屡试不第的他,终究是一个挫败者,无法不忍气吞声。狂放傲世和羞惭悲凉,这两种极其矛盾的人生情态和身份特征,竟出自同一个主体,这不能不让读者对蒲松龄一生所承受的煎熬充满了感慨。

再来看看他的《金缕曲·影赠形》下阕:"怎君潦倒偏多病,便撇了家山乱走,脚跟无定。身似绕枝乌鹊倦,何处营巢安稳?把月店霜桥行尽。五十年来嗟尾琐,剩吴丝千尺堆双鬓。重晤对,看青镜。"这些年间,非农、非贾、非官、非隐,"一卷残篇长在手,茅屋数椽偎井"的蒲松龄,已渐渐进入年老体衰的境地,"影"不由感慨他的潦倒,惋惜他的多病,企盼能安安稳稳地过日子。

"形"充分感受到了知己之情,坦陈道:"知己如君,最念此身。蹉跎偃蹇,实为君累,历经穷途悲竭蹙。莫叹容颜憔悴,受多少炎凉滋味。羡尔不离还不即,坐虚堂默默长相对。"无疑,只有自己最了解自己,最不愿放弃自己。哪怕受尽了世态炎凉、人间冷暖,哪怕蹉跎偃蹇,已是穷途末路。阖目细想,形与影默默长相对,该是一幅何等动人的画面。不管是肉体还是灵魂,都已超越时空,令人谛视。

蒲松龄字留仙,自称异史氏,不愧是一个卓越的与众不同的文学家。他的手中握有一支出神入化的仙笔,既能在自我期许甚高而现实世界机会甚少的落差之间,拿出一连串近乎反讽的话语,解剖自己的心腑,鞭策自己的行止,也淋漓尽致地张扬自己人格独立、节操自守的狂狷。既可睥睨人世间的一切丑恶现象,怀着强烈的情感予以讥讽、抨击,也能借助于花妖狐魅和幽冥世界的事物,巧妙地表达内心爱憎和美好理想。或许,他的形与影,"闻鸡起舞中宵立",总是在进行别人难以探究的对话。

现实世界毕竟是无情的。因为生活所迫,蒲松龄应同邑人宝应县知县孙蕙之请,为他做了几年幕宾,其余时间则在淄川县西铺村毕际友家做塾师。与此同时,他一天也没有停止过舌耕笔耘,陆续写下了小说《聊斋志异》八卷,大约四十余万字。他收集无数来自民间传说和野史轶闻的故事,充分驰骋想象,更把自己的"影"依附于狐女鬼怪,作品无不怪异谲诡,变幻莫测,极尽腾挪跌宕之能事。却也有自身的逻辑性,合乎人情物理,终于抵达中国古代文言小说的巅峰。

《聊斋志异》书成后,因为家境贫困,迟迟无力印行,同是山东籍的好友王士禛(渔洋山人)十分推崇蒲松龄,以为奇才,并为之题诗:"姑妄言之姑听之,豆棚瓜架雨如丝。料应厌作人间语,爱听秋坟鬼唱诗。"然而,直到清乾隆三十一年(1766),《聊斋志异》方才刊刻行世,引起了世人瞩目。

如果我们仔细阅读,不难发现,书中的《叶生》《司文郎》《于去恶》《王子安》等多个短篇,形象地刻画了科场的黑暗、考官的昏聩、士子的急迫,处处透现科举制度对读书人的摧残。蒲松龄在这方面是有切肤之痛的。小说中不少人物的身上,投射着他的影子。其实,我们可以这样说,蒲松龄是"形",《聊斋志异》这部小说就是他的"影"。每个伏案灯下的夜晚,他的形与影总是默默长相对,呈现创作者的最佳状态。

"四十成翁"的屠隆

屠隆是一个才情横溢又放荡不羁的人。其文学才能得到王世贞、汤显祖等人的激赏。屠隆三十四岁考取进士,很快被任命为颍上知县,一年后平调为青浦令。万历十年(1582)底,经过考核升迁礼部主事、郎中。他为官清正,关心民瘼。但,显然是性格使然,常常做出一些惊世骇俗的举动。其他不说,屠隆跟戏曲结下不解之缘,太迷恋于戏曲,便给他带来了不少灾祸。他甚至慨叹"四十成翁"——才四十来岁就犹如老翁了。

这,或许要从他的《彩毫记》说起。这部屠隆年近四十岁时写就的戏曲传奇,叙述大诗人李白借酒醉之态,让杨贵妃为他捧砚,高力士替他脱靴,一挥彩毫写就《清平调》三章,名震长安的故事。一经演出,便轰动了整个剧坛。恰逢昆曲兴盛时期,文化人纷纷写传奇、拍曲子。当时屠隆从安徽颍上知县调任青浦知县。由于政绩显赫,经吏部派员考核,定为治行高等,被朝廷擢升为礼部仪制司主事。孰料,木秀于林,风必摧之。万历十二年(1584)十月,早年对屠隆心存芥蒂的刑部主事俞显卿上了一道论疏,称礼部主事屠隆热衷于宴乐拍曲,与西宁侯宋世恩淫纵,"翠馆侯门,青楼郎署",不仅言辞有失文臣体面,还牵涉勋戚闺帏。淫纵,涉及官员的道德底线,是对屠隆十分强烈的指控。屠隆不服,上书自辩,证明对方完全是诬告。俞显卿当然也不肯承认。万历皇帝大为光火,不仅将屠隆贬斥,连同上疏的俞显卿也一起削职了事。

最近读到《精选当代各名公短札字字珠》(〔明〕许以忠选编),其中收录了屠隆写给友人、师长的多封信札。仔细阅读,可以感受屠隆在遭受沉重打击时的心理变化。

他在给江南名士徐长孺的信中说:"丈夫七尺,仆乃侏儒。侏儒亦可为上帝弄臣,置我白玉楼中鼓吹钧天,当不减李王孙。何为见遗,岂终作人间一溷子已耶……仆生平好慈悲,若入地狱,便须偷启铁椎,令万鬼散走出苦海之大荒。亦一快心事。"字里行间,透露出一派风流倜傥的书生意气。即便侏儒,也是上帝弄臣;哪怕下了地狱,也让万鬼脱离苦海。这是何等的豪迈!可惜,充满艺术气质的他,从白玉楼鼓吹钧天广乐,跌落为"人间一溷子",其愤懑之情已溢于言表。

读了杨伯翼的诗,他欣喜若狂,觉得海内如此多的写作者,都不值得一提:"读足下近作,如吸日月之华,秀爽欲绝。仆居吴会,得纵观海内作者如林,语工者格卑,气劲者味短。尚织浓则乏风骨,吐胸臆则伤体裁。作如牛毛,合如鹿角,罕有当意者。每得卿诗,便惊异宝。乃知天之赋才故自不同。"

从中可以看出,屠隆的骨子里,确实有一股无法遏抑的骄矜之气。在波诡浪谲的官场,这难免会得罪许多人。俞显卿是青浦人，在屠隆眼里，他仅仅是老举人，才华也远远不及自己，因此有意无意地表现出了傲慢的态度。俞显卿上书屠隆在青浦任上"放浪废职"，或许屠隆根本没意识到，这位刑部主事大人与任他戏弄喝下泔脚水的梁辰鱼，自有本质的区别。殊不知，官场并非剧场，任性是要付出难以想象的代价的。

在写给顾升伯修撰的信札中，屠隆回忆了当年两人"把臂雄谈"的往事。随后，顾升伯入都复又入滇，屠隆则跟跄奔走于淮安、徐州间。"往岁仓黄出都门，得与先生把臂此庐阁上一夕雄谈，略尽寥廓奇事。平明上马，先生入都，仆即长途酸风淡日，烟沙障人。回望低垂，魂痴欲绝，已报先生崎岖万里，单车入滇中。仆亦从淮徐之间跟踌奔走。每遥睇彭城落日，芒砀长云，则想见先生英雄气色"。根据各方面传递过来的信息，屠隆已经感觉到自己在官场的处境不妙，他却依然豪气满怀。想见先生英雄气色，正是为了与之呼应。

然而，现实世界是无情的。后来，钱谦益《历朝诗集小传》在为屠隆所写的传记中说：屠隆"在郎署，益放诗酒。西宁宋小侯少年好声诗，相得欢甚，两家肆筵曲宴，男女杂坐，绝缨灭烛之语，喧传都下，中白简罢官"。屠隆本是昆曲的拥趸者，被批挞热衷于男女混杂、互不避忌的家庭宴乐，让人很容易与他放浪不羁的性格相联系。小道消息迅速地传播开来。事实究竟是否如此，很少有人会去着意廓清。

处在这种状态下的屠隆，已感觉到官场是苦海深山，不如早日逃离。他写信给一向欣赏自己的文坛盟主王世贞，说明了当时的情况，同时也袒露心事："某为吏廉，家无半顷之田，一椽之屋。上有老亲，似未能超然。然以某计之，即为官人十年而往，贫犹今日尔。固不如早日挂冠自逃苦海，饥寒之事，傥仗友朋。愚意如此，先生云何。"

他把俞显卿在青浦时的很多信息告诉了王世贞："俞以上海分剖，隶治青浦。暴横把持，乡间切齿。"自己"每事以法裁之。复因诗文相忌，积成仇恨。"冰冻三尺非一日之寒。俞显卿与自己的积怨，由来已久。这涉及地方治理中极其复杂的乡土势力，更掺杂了高层官僚的昏暗不明。屠隆明白，自己是被动地陷入了政治漩涡。

在给凌椎哲的信中，屠隆同样诉说了内心的苦衷："某中岁不闻道，涉历世艰，流浪苦海，官既拓落，学植亦荒。惟日夜思逃深山以自宽，则又奈此世网何！"置身宦海，却又被政敌驱赶；想要逃离，却又被世网裹挟，实在令人无可奈何。

临川汤显祖比屠隆年轻六岁，他十分钦佩屠隆的才情。屠隆不但会写剧本，还能粉墨登场，积累了丰富的舞台经验，这正是汤显祖所不能企及的。当时屠隆编写的戏，上座率甚至比汤显祖的《牡丹亭》还高呐。屠隆遭受沉重打击，汤显祖自然给予巨大的同情。他们是在万历五年（1577）进京会试时结识的，后来交情日深，结为至交。当时，汤显祖忍不住挺身而出，替屠隆鸣不平："自古飞簪说俊游，一官难道减风流？"但，屠隆得到的仅仅是心理安慰而已。汤显祖无疑是一个杰出的戏曲家,但在官场并不成功。他在南京礼部主事任上,因为一篇《论辅臣科臣疏》直指申时行等人的误国行径,震动了朝廷,被贬至雷州半岛南端的徐闻县做编外典史。一年后又调任浙江遂昌知县。彼此只能同病相怜。

屠隆被罢官时,刚刚满四十二岁。原来,"四十成翁"的根源,全在于官场风雨的催逼。从此他绝意仕途,回到故乡浙江鄞县。由于失去了固定收入,生活陷入窘迫之境。八口之家,依靠十七亩薄田维系,难免捉襟见肘。有时候他不能不"鬻文卖赋",赖以为生。尽管如此,屠隆仍醉心于读书、赋诗、拍曲。然而,这位风流才子终因家境凄苦,又因不检点而患上了性病,无钱医治,于六十四岁时卒于宁波。

他的代表作《彩毫记》,描写李白光芒四射的才华,无奈埋没于小人的逸言,印证了自己命运的悲剧性。

无讼之境

我们一行数人,经G15高速,越过沪浙交界线,前往平湖市的一个普通村庄泖河。说它普通,也不尽然。这里位于杭州湾水路要道,村边的上海塘,人称水月湾,波光粼粼,风景绝佳,作为黄浦江支流,时而可见数百吨的货船驶过。明清时代曾设盐船巡埠,不难想象往昔街市的繁盛。

最值得一提的是泖河村的名人陆稼书。走过狭窄老街,一路菜圃含翠,棉田绽铃。粉墙黛瓦的农舍中,陆稼书祠堂、尔安书院、无讼园呈现江南古村的文化特征,引人瞩目。

陆陇其(1630—1692),字稼书,世居泖上。清康熙九年(1670)进士,历官江南嘉定、直隶灵寿知县、四川道监察御史等。离任嘉定时,只有图书几卷及妻子的织机一部,以清廉著称于世。邑人俞鹤湖赠诗曰:"有官贫过无官日,去任荣于到任时。"这是对他十分恰切的评价。

陆稼书是"无讼"理念的信奉者。"无讼"是一种司法理念,一种儒学文化。简单地说,就是要把矛盾化解在萌芽状态,达到息事无讼的目的。"无讼"一词,源自孔子语:"听讼,吾犹人也,必也使无讼乎。"(《论语·颜渊》)孔夫子的含意是:我审判案件跟别人没什么不同,然而我的目标在于使人们不争讼。

无讼,在古代中国形成了重要的法律诉讼观念。儒家在大力构建无讼之境的同时,也不断宣扬为讼以害的舆论,比如"讼,终凶""讼不可妄兴""讼不可长"等。诉讼无疑是不吉利的,应该适可而止。健讼者必凶。崇尚无讼理念,赞扬无讼社会,追求无讼而和谐的美好世界,必然会给人们带来厌讼、贱讼的观念,乃至讼师一类的职业,曾为国人所鄙视,难以找到生存的空间。

陆稼书成为嘉定县令,便身体力行"无讼"理念。嘉定是一个大县,却又是一个"是非之地"。由于经历了清初"三屠",民生凋敝,满目疮痍。他的前任赵昕,即使在施粥赈灾时,也敢狠捞一笔油水,结果灰溜溜地离任,"嘤人争拾瓦砾击之"。陆稼书是在人们质疑的目光中,走进嘉定县衙的。他的作风与赵昕截然不同,简朴节俭,不讲排场。衣服由夫人自纺自织。蔬菜瓜果,自己在衙门内的空地种植。堂堂父母官,竟然"侵晨寒无衣,官庖食无肉"。但他十分体恤民情,努力以德教化百姓。遇到官司,不用差役去逮人,而是晓之以理,动之以情。属于宗族内部争讼的,请族长去治办;属于乡里争讼的,靠里老去治办。有时候,也让原告、被告双方都到县衙来,他亲自作调解。

有一个极其典型的例子:一位老人已风烛残年,竟被不孝的儿子赶出家门,在街头风餐露宿。无奈中,老人向县令告状。陆稼书并不在公堂上断案,而是把父子两人喊到自己家里。在详细地询问事实后,怎么也忍不住,突然涕泪交加:"我德薄,无以化汝,令汝父子至此!"他觉得,儿子不孝,让老人无家可归,其根本原因是县令当政无能、无德。既然当了父母官,子民犯下的错,首先是自己的错。是自己教训无方的结果。他这么一流泪,原告与被告都被感动了,"其父泣,其子亦泣"。一场官司,就很简单地化解了。

还有一个例子,与之异曲同工。嘉定县有黄仁、黄义兄弟两人,为了争夺祖宗遗产,多年吵闹,并且诉之县衙。经过县令几次裁断,兄弟俩仍然你不服我,我不服你。陆稼书接手这个案件后,并不按正常诉讼程序进行审理,而是把兄弟两人叫到自己的面前,"乃不言其产之如何分配,及谁曲谁直,但令兄弟互呼","此呼弟弟,彼唤哥哥","未及五十声,已各泪下沾襟,自愿息诉"。因金钱财产而蒙垢纳尘的亲情,在相互呼唤中醒来了。从此黄氏兄弟再也不愿争吵。

耐人寻味的是陆稼书为这个案件所写的判牍:"判得黄仁、黄义,争执祖业遗产,久讼未决。夫鹁鸟呼雏,慈乌反哺,仁也。蜂见花而聚众,鹿见草而呼群,义也。鸣雁聚而成行,雎鸠挚而有别,礼也。蝼蚁闭塞而壅水,蜘蛛结网而罗食,智也。鸡非晨不鸣,燕非时不至,信也。……夫同气同声,莫如兄弟,而乃竟以身外之财产,伤骨肉之至情,其愚真不可及也。……所有家产,统归长兄管理,弟则助其不及,扶其不足……从此旧怨已消,新基共创,勉之!勉之!"这,与其说是一份判决书,还不如说是一篇情理交融的骈文,读来感人至深。连动物都有仁义礼智信"五常",何况是万物之灵的人呢?你们兄弟名字中就有仁、义,却不知何为仁、义。假如再争吵下去,就按大清律法治罪,绝不姑息。

还有一份呈现骈俪文风的判牍,更具可读性。题目是"解元偷香之妙判"。案情:庄生幼与邻女周小娟相好。青梅竹马,耳鬓厮磨。塾师作伐,女父允许。后女父嫌贫爱富欲另许人,小娟使乳媪约生昏夜闺房见,一针见血定终身。另外许人未嫁,不久,生中解元,遂成讼。

一个姓庄的书生与女子周小娟的婚姻,由于周父的嫌贫爱富,经历了一番曲折。陆稼书从情感与法理的层面作了调解。其判词文采斐然,又情理并重,符合法意,明刑弼教:"莲是并头而花开并蒂;树乃连理而枝亦连柯。虽乃父慕豪门,喜吉辰而将看碧鹨佳婿乃闺儿爱才子,守密约而别抱如意郎君。在乃父之背盟,实有贰议之机,愧对爱女;在庄生之相诱,事属守一之义,不失人情。女白璧已玷,自难再归他姓;生新科高掇,不惭快婿东床。解元登堂,爱婿原来弃婿;才郎入帐,新人即是旧人。免致情天缺陷,遗憾永留;却教恨海填平,精禽无用。有情眷属,乐事如何,无限欢情,心头可想。为断奇情一案,宜酬喜酒三杯。此判。"

在河北灵寿县任上,陆稼书曾处理了一起江姓和舒姓争讼墓地的案件。墓地的所有权,仅仅在两姓族谱中有所记载,证据不足。自明末开始,彼此争执不下,已历时两朝数十载,难以裁决。陆稼书仔细研究案情,发现双方的所争执的,"并非有利其财,故名为争地,实为争祭"。于是作出了一个符合情理,让双方都能接受的裁决:"本县今为尔断,将此争执之地永作江舒两地公有,在江姓不妨认为江墓,在舒姓不妨认为舒墓。各有祭扫,毋相争夺。"他告知两家,既然你们两家都主张是自家的祖墓,那么应该听任两家各自祭祖,进献祭品。江姓的祖先,经常误受舒姓子孙的祭祀,对江家没什么危害,反之,舒姓也没损害。何必争讼不止呢?

难以取得证据,根据清律是无法审断的。但陆稼书却从情理上对双方当事人进行劝导,从而化解了矛盾,解决了长期存在的纠纷。他的情理审判,在很大程度上弥补了法律遗留的缺陷,成为地方官员在审理疑难案件时的最佳选择。

不管在哪里,陆稼书都努力创造无讼之境。他所主张的"无讼",显然是有情有义,有血有肉的。在嘉定任上,陆稼书初次实践就获得成功。原来监狱里人满为患,他到任后,公堂因长期不用,长出了野草。在他看来,人与人的矛盾不一定要针锋相对,而往往是可以化解的。今天你打官司赢了,我不甘心,明天再生个事来报复你,冤冤相报,何时可了?诉讼的成本从来不会低。能化解一桩纠纷,总比产生一个新的矛盾要好。哪怕调解不成,再诉讼也不迟。这样的观念,在乡村社会至今仍然普遍存在着。邻里之间在发生纠纷时,往往不主张诉讼法律来解决问题,而是请出"老娘舅",利用传统的伦理道德来协商、调解。

今天,假如以现代法律观研究陆稼书,不难发现他以道德要求替代法律审判,自有一定的局限,或许并不值得效仿,因为道德有时候也靠不住。文学性很强的判决书,传递了丰富的理义情感,足以打动某些当事人,但未必能降服一切当事人。历史的发展进程告诉我们,一个健全的法治社会,终究必须要建立完整的制度和法律。然而,制度与法律是由人去执行的。不同的执行者,会产生不同的效果。情理与律例既存在矛盾也相互通融。情理是律例的精神所在,是中国传统法律的精神核心,与之紧密结合的礼教,也是广义上的法律。

这,正是我们今天推崇陆稼书的缘由。

尽管用心良苦,陆稼书的仕途并不顺畅,曾两度以"不称职"罢归。有史料记载,他到任后,立即抑制豪强,整顿胥役,深受乡民爱戴。然而嘉定县令没当满三年,据说是因为得罪了上司。当时,江宁巡抚慕天颜过生日,陆稼书仅仅送上一匹白布、两双鞋子。这是他夫人半个月的手工活。慕天颜非常失望,于是诬告陆稼书对某件盗杀案处理不当,缺乏应付复杂事务的才干,将其革职。乍一看,陆稼书的做法有悖于官场人情,但一位学者耿介率直的性格,已不言而喻。显然,陆稼书的观念是超前的,却无法创造适应这种观念的社会制度,经受挫折与失败便是一种必然。尽管雍正二年(1724)得以入祀孔庙,乾隆元年(1736)复又赐谥"清献",加赠内阁学士兼礼部侍郎,给予如此哀荣,仍不过是统治者的故作姿态。

作为先贤陆稼书的故里,泖河村所在的平湖市新埭镇努力挖掘"无讼"文化理念,推进"三治融合"发展。不仅修缮了陆稼书祠堂,建立了无讼文化主题公园,还将"无讼"文化融入乡村基层治理,专门成立了"息事无讼"工作室和"息事无讼"政策服务团、法律咨询团、道德评议团,共同打造无讼之境。今天,在建设社会主义新农村的热潮中,无讼之境是何其令人向往的境界。

汽车驶离泖河村时,我仍然陷入思索,陆稼书之所以成为陆稼书,似乎有着多重原因:对儒家道德思想的自觉传承,对先人名望节操的韧性坚持(他是唐代著名政治家、文学家陆贽的后裔),对人生价值观的明智选择,对心学空疏流弊的不倦批判……以及不甘因循守旧的个性,在种种因素的综合作用下,他毫不犹豫地选择了"无讼之境"。这是这位清廉官员留给我们的唯一遗产了。

吴越潮

杭州的潮涌

一只蝶形风筝,被春日的和风托起,仿佛贴在了环球中心大厦顶端,让古运河畔的风景变得生动起来。自然博物馆、科技馆、商务楼和巨无霸式的球状影院,错落有致,在绿树簇拥下构成一个文化广场,彰显着城市的现代气息。在一侧的大桥下,就是从隋朝起就不息流淌的运河的南端。一千多岁的运河,全然没有往昔那种樯帆接天、舟楫相衔的情景。但放眼望去,依然波光粼粼,烁动着生命的辉芒。

杭州的前身钱塘,原本只是一个小县而已。隋唐以后,升县为郡,才渐渐走向繁荣。南宋定都临安,杭州更是雄称全国第一州,此后的几百年,一直引领着江南的经济与文化。湖光山色和人文景观,无疑是杭州的骄傲,其根源却跟大运河的开通密不可分。谁都应该承认,没有大运河的开通,不会有杭州的繁荣。千百年来,运河既是一条经济渠道,也是一条文化命脉。不仅滋润着广袤的土地,养育着众多的生灵,也创造了灿烂的文化。宗教、茶艺、饮食、桑蚕丝绸、戏曲曲艺、园林、藏书楼阁乃至桥梁古塔,哪一样不是宝贵的遗产?哪怕是一块城砖、一截井圈,也意蕴无穷。

昨晚,我们沿西子湖兜了一圈。夜幕下的湖畔,幽秘而又娴静,反衬着马路上的车水马龙。清晨我起了个绝早,独自去往湖畔。沿途所见,跳舞的、打拳的、喝茶的、唱戏的,一个个都是那么气定神闲。透过薄薄的晨雾看去,高踞半空的宝俶塔影影绰绰。惟见柳浪轻摇,轻舟荡漾。一条石径伸入湖中,通向亭阁,在亭阁里大声聊着杭州官话的人们,恍若隔世。我在马可·波罗雕像前站立了很久。一千年前,这个威尼斯年轻人离开故土来到遥远的中国,在杭州生活多年。后来,他以诗一般的语言,描绘了架在大运河用来连接街道的桥梁,当然还有杭州这个"世界上最美丽华贵之天城。"他成为第一个向世界介绍杭州的西方人。如今,G20峰会的召开,令全球的目光聚焦西子湖。钱塘江的滚滚潮涌,正成为推动全球经济复苏的动力,创新和结构性改革、新工业革命、数字经济……将为世界经济开辟新道路,拓展新边界。这是马可·波罗怎么也预想不到的。

西湖的自然之美,是人工雕琢的,连它的湖水都是从钱塘江挖渠输入的。但,人们多少年来把它雕琢成了一件灵性的工艺品。湖堤、亭阁、廊榭、碑刻、墓茔,还有文人骚客们用诗词妆点的风景,无一不呈现人文色彩。如今,在全球经济面临着结构性矛盾和瓶颈时,参加G20峰会的各国领导人,在这里开出"创新经济增长"的药方,这让西湖平添了奇异的色彩。

柳屯田曾经写过一首《望海潮·东南形胜》:"东南形胜,三吴都会,钱塘自古繁华。烟柳画桥,风帘翠幕,参差十万人家。

云树绕堤沙。怒涛卷霜雪,天堑无涯。市列珠玑,户盈罗绮竞豪奢。"这是唐宋诗词中将杭州这个东南都市的物阜民康、繁华美丽写得最为理想化的一首。

然而,在充满诗情画意的西湖之畔开出"药方",无疑比诗情画意更有意义。

星辰下的递铺

入夜，我独自站在山恩民舍的广场上，仰望星空。四周全是黑黝黝的山林，寒风扫过茂密的竹丛，愈显万籁俱寂。无数晶亮的星辰在天穹闪烁，令人欣悦。

这个名叫石鹰的村子，属于安吉县递铺镇，在安吉、临安、德清三县交界处，凤凰、长龙、抱坞诸山之南。小镇位于南宋都城临安(今杭州)通往建康(今南京)的交通要道。地方史志记载，昔时曾专门设立驿站，供公文传递人员和来往官员歇宿、换马，所以千百年来被称作"递铺"。我们驾车进村时，途径一段蜿蜒曲折的山间故道，古意盎然，旁边还竖立文保单位的标志牌，无疑是驿道的遗存。当地人告诉我，一代艺术宗师吴昌硕青年时在这里居住，并由此开始踏上寻师游学之路，所以如今称作"吴昌硕街道"。让人没想到的是，国民党高级将领胡宗南也出生于此。

星辰还是那些星辰，山间的人世却已千变万化。

下午，我们一行几人在石鹰村穿行。四周翠峰簇耸，竹海绿波，民居就依山傍水，修筑在如画的景色里。平坦的镇村公路时而有轿车驶过，不少民居的门前泊着私家车，毫无掩饰地显示着勤劳后的富庶。我们沿着拖运毛竹的便道往山上攀去,眼前出现了几处破旧的房屋,墙垣倒塌,杂草缠绕。唯独修筑房屋时垒砌的石础和蹬道,仍牢固如初。村上人说,这里的很多人家纷纷在安吉城里买房子,搬了出去,老屋也就懒得打理了。有才能的人去往杭州、苏州、上海,甚至更远的地方经商,一年难得回老家几次。

然而,也有人与之想得不一样。他们懂得山水资源的无穷价值,利用老家的山头和宅基,投资修建民居客栈,吸引大城市的人们前来休闲。光是清新的空气,便足够令人羡慕。山恩民舍是刚刚建成的一个。主人夫妇酷爱读书,喜欢字画,又有一手精良的厨艺,把位于山腰的民舍布置得既充满山林农家的温馨,又透现传统文化气息,而现代人所不可或缺的 wifi、网络电视和咖啡桌,一点也不少。就在山脚下,是安吉十八道湾漂流。两岸绿影婆娑,层峦叠嶂,怪石嶙峋。漂流其上,时而飞流直下,一泻千尺;时而堕入深潭,犹如洪水侵袭。对于我,最惬意的莫过于沐浴星光,思索古今。镶嵌在深邃夜空中的星辰,钻石般晶莹,散发亘古以来就有的智慧之光。这恰恰是在大城市里无法寻觅的福利呢!

我在电脑上信马由缰地写了一篇《山恩赋》,聊作记趣:

山青水秀,鸣潺潺之音而响叮咚之声;石峻林疏,透朗朗之影而入清新之境。春桃夭夭,山花遍野,飘茶香袅袅;

夏雨淅淅,轻舟漂流,涌碧浪层层;秋风荡荡,石鹰展翅,染余晖脉脉;冬雪皑皑,芦笋破土,看芽色莹莹。游客流连其间,忘乎所以,可仰天象于意,可俯大地于心。抛却尘世之繁琐,尽享青山之赐恩。

　　递铺驿站,处南宋要道;安吉白茶,为盛唐贡品。自古名人辈出,从来人杰地灵。东吴出名将朱然,南朝有大家吴均。一代宗师吴昌硕,乃书画界泰斗;"西北之王"胡宗南,成国民党将领。嗟夫,时光如白驹过隙,物换人非。唯青山苍苍依旧,朋友济济如昔。是故心田一点,为家为园,为故为旧,为守为居,为安为宁,诚待天下万千游客为嘉宾……

防风氏遗风

来到下渚湖,坐在游船上饱览久违的蓝天白云,听碧水绿苇间鸟儿啁啾,不由想起了防风氏。远古神话中的防风氏,是鲧的治水伙伴。防,即挡水的土坝;风为土,为木妃,防风即堤土。"其长三丈","骨节专车",是一位头枕山巅,脚搁坝上的巨人。鲧体型较小,以土填水。防风则以坝挡水。他们的身上似乎都涂抹悲剧色彩。

放眼望去,浩瀚的下渚湖是湖荡环拥岛屿,群山屏障碧水。湖边恣肆地生长着芦苇荷叶菱草,与岸上茂盛的树木,构成层层叠叠的绿色阶梯。水云相连处,和尚山、扁担山、道观山以及叫不上名字的山岭绵延不绝,令人心生无限遐想。这片天然形成的湿地,是鸟的天堂。水雉、小䴙䴘、鹭鸟、伯劳、猫头鹰,甚至还有十分珍稀的朱鹮。至于植物,更是目不暇接。银杏、金钱松、鹅掌楸、三尖杉、浙江樟、红豆杉、天目木姜子、紫荆、厚朴……每一株都能讲出一串故事。

相传这里为"防风氏所居"。

在遥远的史前,蓬头跣足的防风氏就生活在这片水涝成灾的沼泽区(难怪他又叫汪芒氏,甚至被认为是汪姓的始祖)。

尽管他神通广大,举手摸来尘土能变山,双脚踏出深沟能建造堰坝,可是要应对连续不断的暴雨洪水,仍感到无比艰难。而在为治水沐风栉雨、废寝忘食时,哪儿料到,他将面临灭顶之灾。

大禹治水,获得巨大成功,命令各路诸侯到会稽山召开庆功大会。但是,直至庆功会快结束时,防风氏才气喘吁吁地赶到。大禹很不高兴地询问原因,防风氏说,我接到通知后马上动身,不料碰到天目山出蛟,苕溪泛洪,根本无法渡河。这些日子大禹的耳朵里听惯了奉承话、颂扬话,在宠臣箫五的挑拨下,勃然大怒,竟以故意轻慢、不满施政为由,杀死了防风氏。

但,后来大禹终究弄清楚,防风氏赴会迟到,确实是由于天目山出蛟,苕溪泛洪,防风氏指挥部下救人、治水,忙得一连几天顾不上吃饭。大禹回想这些年防风氏跟随自己疏理湘溪、英溪、阜溪、塘泾河,开凿了下渚湖通往东苕溪的河道,风里来雨里去,立下了治水大功,自己却怪罪于他,真是懊悔莫及。于是下令敕封防风氏为防风王,在防风国建造防风祠,供奉神像,每年八月廿五让百姓祭祀,并载入夏朝祀典,传之后世。他还参加了第一次祭祀仪式。

大禹诛防风的神话,产生于距今四千一百年前后。那时由于连续三次九星地心会聚,导致全球气候恶劣,灾害群发,洪水肆虐。关于洪水的恐慌衍化为许多国家神话的题材。防风国一带也是水患不断。防风氏被诛杀,不仅是上演了悲剧,更折射出了自然生态严重破坏之际不同氏族间的斗争。只是，人们自古以来将大禹尊为英雄，也就很容易原谅他的过失，却把同是治水英雄的防风氏遗忘了。

所幸，历史记住了他。《国语·鲁语下》载："昔禹致群神于会稽之山。防风氏后致，禹杀而戮之，其骨节专车。"《叙异记》卷上也有记载："今吴越间防风庙，土木作其形，龙首牛耳，连眉一目。昔禹会涂山，执玉帛者万国。防风氏后至，禹诛之，其长三丈，其骨头专车。今南中民有姓防风氏，即其后也，皆长大。越俗，祭防风神，奏防风古乐，截竹长三尺，吹之如嗥，三人披发而舞。"

位于下渚湖景区内的防风祠，始建于距今一千七百多年的西晋。经历了漫漫岁月的风霜雨雪，屡圮屡建。祠堂内，供奉着治水英雄防风氏。每年秋天的祭奠日，人们都会在这里举办盛大的祭奠仪式，祈求风调雨顺，穰穰满家。先是官祭，经过"埋告""起告"、致祭等仪式，然后出殿巡行。庙会广场上旌旗招展，台阁、高跷、马灯，以及钢叉、顶缸、各路武术，纷纷亮相，吸引无数沿途观者。

从古防风国所在地往南不多远，就是余杭良渚镇地界了。标志着太湖流域灿烂的史前文明的良渚文化以之命名。良渚文化时期，一国即一城，一城即一国，城更多地具有祭祀功能。有水城，也有陆城。常常是一族聚居，即形成一个原始城市，甚至一个古国。显然，今天的下渚湖与典籍中"汤汤洪水滔天，浩浩怀山襄陵"的描写，与防风氏的治水生涯是十分契合的。

　　清代戏曲作家、诗人洪昇是杭州人，晚年归回故乡，曾游览古防风国，留下了一首脍炙人口的五言律诗："地裂防风国，天开下渚湖。三山浮水树，千巷划菰芦。埏埴居人业，渔樵隐士图。烟波横小艇，一片月明孤。"非常形象生动地描绘了防风国和下渚湖的山水风光、人文历史和民俗风情。"地裂防风国，天开下渚湖"这句诗的深处，蕴藏着地理变迁的密码。

　　在下渚湖的游览是轻松自在的。湖水围拥的三个小岛，芦苇密布的湿地水域，由忽而狭窄弯曲、忽而宽畅明丽的水道连接。船儿行驶其间，如鸟儿滑过蓝天。眼见绿苇似墙，严严实实封住了去处，船头一摆，从苇隙中驶入，迎面陡然出现一片闪亮的水面，朝苇丛深处延伸。又转过一道弯，眼前呈现了莲叶铺展、菡萏朵朵的荷塘。真可谓柳暗花明又一村。"平池碧玉秋波莹，绿云拥扇青摇柄。水宫仙子斗红妆，轻步凌波踏明镜"。宋人的诗句多彩，但失之浓艳。这里的莲荷是清新淡雅的，恰如从荷塘上掠过的风，令人神爽。抬头看去，有一株古老的香樟伫立岸边，枝若虬龙，垂荫匝地，宛若世事洞明的老翁在沉吟。一霎间，连烈日都消弭在了树冠里。

　　弃船登岸，站在柳荫下，眺望水天相接的远方，心境豁然开朗。湖中似有孤峦，静静地俯卧于水面。朋友告诉我，这是"豸山"，因形似獬豸而得名。

　　獬豸，是神话传说中的神兽，大者如牛，小者如羊，类似麒麟,全身长着浓密黝黑的毛,双目明亮有神,额上通常长有一角。獬豸有很高的智慧,懂人言,知人性,能辨是非曲直,识善恶忠奸。显然,从远古时代起,豸山就在护卫防风国的生态了。

正襟危坐的理由

正襟危坐,是古人在社交场合的一种姿态。那时候没有欧式沙发,也没有日式榻榻米,整一整衣襟,端正地坐着,一副神情严肃的样子。用紫檀、花梨或乌木制成的官帽椅,质地很硬,端坐在那儿,无法斜倚,也无法伛偻,只能让身躯挺直。这看起来有些拘谨,不如我们想象得那么舒适,却显示了道德伦理的方正。其意义远远超出用端坐以避免驼背、脊柱侧弯和含胸。

明代苏州人文震亨的《长物志》,被看作是晚明江南文人列举家具品种,兼及使用、鉴赏理论的典型文章。吴兴沈春泽的序言说:"几榻有度,器具有式,位置有定,贵其精而便,简而栽,巧而自然也。"室内的家居陈设,必须跟主人的生活意趣、思想格调相吻合。立有立相,坐有坐相,这是对人的一个起码要求。

中国人历来以方正为本,以方正为规。无论是宫廷、庙宇建筑,还是家居厅堂,两厢都依照中轴线依次延伸。形体正直的美学观念,恰恰透现了儒家的人文道德取向。"明主者,有法度之制,故群臣皆出于方正之治,而不敢为奸"(《管子·明法》),圆者中规,方者中矩,正己者才能正人。

昆曲《鸣凤记》有《河套》一折,主要角色是太师夏言和奸相严嵩,另外两个官员作配角。这是一场舌辩戏,始终坐着唱念。但坐法非常有讲究。太师夏言官职最高,端坐在中间椅子上,呈现威严大气。他的袍下露出八字式双脚。严嵩的官职在他之下,因为心怀鬼胎,色厉而内荏,所以坐在椅子上,只伸出一只脚,另一只脚则缩在官袍里。另外两个官员,在他们一枪来、一剑去的交锋中,感受到言辞的分量,不由自主地谨慎,连一只脚尖都不敢伸出来。整个舞台上,只能看到三只脚。三只脚,体现了坐姿,却也以形传神。

苏东坡的《赤壁赋》,写水光月色中苏子与客泛舟于赤壁之下。苏子愀然,正襟危坐,与客人一问一答。客人从赤壁的月夜想到曹操的诗章和赤壁的鏖战,都成了往日陈迹,联想到"吾与子"何能长存,于是生出无限哀愁。苏东坡却以眼前的水月作比喻,阐述了变与不变的道理,显现了内心世界的旷达。

> 且夫天地之间,物各有主。苟非吾之所有,虽一毫而莫取。惟江上之清风,与山间之明月。耳得之而为声,目遇之而成色。取之无禁,用之不竭,是造物者之无尽藏也,而吾与子之所共适。

无尽藏,出自佛家语"无尽藏海"——像海一样能包罗万象。

有如此心胸,又何必托遗响于悲风!

　　时至今日,明式红木家具依然为人们所追捧。但是不少人往往用以炫奇斗富,却把正襟危坐的气度忽略了。这未免令人扼腕。一个不能在椅子上坐正的人,又如何有棱有角地处世呢?

狼外婆的凳子

小时候听狼外婆的故事,说它坐的凳子,恰好是有一个洞的,长尾巴伸进去,才没有一下子露馅。现在情节改了,说凳子上涂了502胶水,把它的屁股都粘住了。这暗合了凳子的变迁史。

最初人们是席地而坐的,树桩、石块、稻把都可以成为坐具。在家里,床铺睡人,也坐人。吴地农村往往以两条长凳架一竹榻,铺上草席,就成为卧具,坐上去吱嘎吱嘎作响。北方人把凳子称作机凳。机字的本义是"树无枝也"(顾野王《玉篇》)、"木短出貌"(丁度《集韵》),机,原是一段短而无枝的光木头,可以随便用来坐人。假如因节疤而有洞,也很正常。后来做了加工,出现了方形或圆形的机凳。机凳是指没有靠背的坐具,吴地人则习惯于称作矮凳。最初用来踩踏上马、上轿,所以又称马凳、轿凳。还有一种武凳,因为习武之人站如松、坐如钟、行如风,根本不需要倚靠什么。

随着时代的变迁,今天的凳子,已有竹凳、木凳、藤凳、瓷凳、皮凳、石凳、塑料凳、玻璃凳等等,不一而足。从形状看,早期多为粗木,长方形,也有圆形,一直延续到明代。清代演变成方形,并且出现了扇面形、梅花形、六角形的凳子,制作工艺愈发精致。朱家溍先生在《故宫藏美》一书中谈到了圆凳和绣凳。他说,乾隆年间所制圆凳,有海棠式、梅花式、桃式、扇面式等。梅花式束腰镶竹丝,制作尤精。至于绣凳,他说,故宫所藏明代紫檀绣凳,四周有黄杨木线形雕饰,很像双股藤圈。这种仿藤的装饰,多少可以说明当时藤凳曾风行一时。清代也有同一形式的。此外如黑漆描金彩绘或雕漆、填漆以及各种木制、瓷制、珐琅制等花样形式,也都精美异常。

吴地乡镇流行春凳。它的形状很像木制长几,但与床同高,既适宜坐,也适宜卧。有人家嫁女儿时,春凳常常会被贴上喜花,上面放置锦缎被褥,作为嫁妆抬到夫家。春季,春凳可以搬到室外使用,坐在那里纳鞋底、缝衣、剥毛豆、裹馄饨。夏季,则是纳凉的最佳卧具。有人认为,春凳是用椿树做的,所以得名。但也有人认为,春凳与情爱有关,前人留下的春宫图可以作佐证。其实,这种能坐能卧的两人凳,既可以粗木本色,也可以黑光漆嵌螺钿。犹如床也可称作春床,派什么用场,自然看各人兴趣了。

作为坐具的凳子,到了明清两代有了更多用途。放在床的两侧,成为脚凳;摆在柜子旁,兼有案几的作用,可放置盆景。很多人家用来替代梯子,以登高取物。在寺庙中,凳子的坐面宽又矮,造型素雅简洁,因为这是打禅的坐具。在书房里,多见圆凳,所占用的空间比较小,却显得雅致精巧。在农村,常常使用长凳

（俗称板凳）。它粗犷、质朴，凳腿较粗，朴素坚固。人们不仅仅用来歇息，还可以在长凳上劈篾、磨刀、编织草鞋。显然，凳子的材质、形制与功能，跟主人的职业和性格密不可分。

至于椅子，有靠背、扶手，已经是凳子的高级状态了。椅的本源其实是木名。《诗经》中有"其桐其椅"的句子，椅即梓，是一种树木的名称。一般认为，椅子的出现要上溯到汉魏时传入北方的胡床。也有人说是仿照了有围栏的车。明代剧作家高濂的《遵生八笺》说，"仙椅，默坐凝神运用，须要座椅宽舒，可以盘足后靠"，"禅椅较之长椅，高大过半，惟水摩者为佳……其制惟背上枕首横木阔厚，始有受用"。仙椅和禅椅被称作床式椅，是从床演变而成的，可以盘几根狼外婆的尾巴。明清时代，有交椅、圈椅、官帽椅、太师椅、背式椅等等，光从字眼就不难想象，这些椅子与人的尊严相关。

以水洗水

茶与水,胜似鱼与水。茶沉浸于水,融汇于水,也因为水而鲜活,因为水而增色。水,成就着一杯茶,更让茶在唇舌间生津。烹茶之水应该怎样选择?茶圣陆羽在《茶经》中说:"其水,用山水上,江水中,井水下。其山水,拣乳泉,石池慢流者上。"他讲得很清楚,沏茶的水是分为几个等级的,山泉水为上等,江水次之,井水再其次。山泉中,要挑乳泉,尤其是石池漫流者。

清人陈其元《庸闲斋笔记》卷九,有一则《以水洗水》,讲的正是如何保持优良水质的方法。他说,高宗皇帝用一柄银斗品天下好水,以质之轻重,分水之上下。每次外出巡视,总是载有玉泉水供御用。由于舟车颠簸,时间稍久,色味就不免有变,可以用其他泉水洗一洗。具体洗法,是用大的器皿储水,适量加入别的泉水搅拌,搅定后,污浊都沉淀下来,上面的水便很清澈。这是因为其他水质重,会下沉,玉泉水质轻,则上浮。挹而盛之,不差锱铢。以水洗水的方法,鲜为人知。记得从前在吴地水乡,人们常准备一只大水缸,贮藏湖水或天落水,放入明矾,使杂质沉淀缸底,上层的水十分清澈,用以炖茶。在尚未发明净水器的年代,这不失为一种"洗水"的简易方法。

张岱《陶庵梦忆》中有一则《禊泉》，讲的是如何品评上佳的泉水。他说，惠山泉不过钱塘江，西兴的脚夫专程挑泉水过江，这是为饮茶做的奇怪的事。有个做官的人来拜访我祖父，喝着茶觉得很好喝，就问是哪来的水？祖父说是惠泉水。这个人忙转头看看他的随从，说："我家靠近惠泉却不知道打水吃，要好好记牢了。"

万历四十二年（1614）夏，张岱经过斑竹庵，在井里取水喝了一口，口感如圭玉之凉意，很是奇特。走近观察水的颜色，好像秋月下的天空，由雾气喷洒为一片白色；又像山洞里飘出的轻烟，缭绕在松树和山石间，淡淡将要散尽的样子。仓促间见井口有字样，用扫帚刷之，"禊泉"两字出来了，很像王羲之的书法，他更加觉得惊奇。用泉水煮茶，茶香很快发散出来。他明白，要辨别禊泉水，只能品尝。喝一口泉水，翘舌抵腭，泉水瞬间就滑下去了，好像没有吞咽。这就是禊泉水。

相比陆羽的茶水理论，张岱倡导实践，描绘尤其神妙。

唐代以来，日本从中国带去茶种，也带去了茶道文化。由中国禅师开山的"茶禅一味"境界，成为日本茶道之魂。对烹茶之水的珍视，也深深影响了日本茶道。有一个故事说，一次，松平不昧要开茶会，让一个仆人去汲水。仆人挑着水担返回大崎园时，不小心把辛苦汲来的水弄翻了。眼看茶会就要开始，重新汲水，时间根本就来不及。正当仆人不知所措时，有人恰好挑着水从旁边经过。看见仆人可怜的样子，了解原委后，他主动地提出，把自己挑的水分一部分给仆人。说这是从朝鲜釜山千里迢迢运来的好水。松平不昧品尝了用釜山水烹制的茶以后说："今天的水，跟往日的水有些不同。记得我刚结婚时，曾经在仙台藩伊达殿下那里，品过朝鲜釜山水点的茶，历久难忘。今天水的味道，跟釜山水的味道一模一样，称得上是天下名水啊。"

在松平不昧的追问下，仆人只好说出自己弄翻水的经过，并告诉他这真的是釜山水。

对待茶水的态度，在很大意义上也是一种人生态度。

炖茶之道

炖茶,而非沏茶、泡茶、煮茶,无疑是有许多道理的。炖,是指炖水,不过跟炖菜不同,水里并没有一片茶叶。

淀山湖畔的水乡古镇周庄、商榻、锦溪、朱家角,湖荡围拥,碧水环绕,一年四季从来也不缺水,然而人们对于水质的要求,异乎寻常的高。每家的灶屋里都放置一只水缸,可以积储纯净的天落水备用。市河与外湖相通,水质清澄,用提桶将水拎进水缸,再加入少许明矾,以吸附水里悬浮的杂物,并形成沉淀,使水质澄清。这样的水,显然是散发浓浓的氯气味的自来水难以比拟的。

炖茶时,用铜勺将清水舀入陶罐中,搁在风炉上。所谓风炉,未必像陆羽《茶经》中说的"风炉,以铜铁铸之,如古鼎形",一般是以青砖砌成的小壁炉,恰好架一只陶罐。炖水时,应该采用硬柴,也就是枯树枝或木片,比稻草更容易发火。风助炉火,熊熊燃烧,水一会儿就烧开了。茶具一般选用瓷盖碗或紫砂壶,放进茶叶后,先用少量沸水点好"茶酿"——这是为了让茶味充分浸出,然后将盖子揞上,稍稍等候片刻,再冲进开水。这时候的茶水,仿佛得到了发酵似的,分外清香浓郁,甘冽爽口。

因为条件所限,水乡古镇的人们无法苛求高价名茶,对于水质,却从来不肯马虎。他们明白,水与茶的关系,水永远是处于主导地位的。明代文学家张大复在《梅花草堂笔谈》中说:"茶性必发于水,八分之茶,遇水十分,茶亦十分矣;八分之水,试茶十分,茶只八分耳。"钱塘人许次纾在《茶疏》中说得更透彻:"黄河之水,来自天上。浊者土色,澄之即净,香味自发。"即便是浑浊的黄河水,只要经过澄清处理,同样也能使茶汤香高味醇。

宜茶之水,最重要也是最关键的一条,是用一方水泡一方茶。既收购各地名茶,又采集各地名泉,绝非易事,也就注定了不能持久。事实上,水不在于是否有名,而在于能否将茶叶的优点充分发挥。所以,古镇的人们历来用原始而生态的方式炖茶,且习以为常。除了讲究取水清澄,还用陶罐以避免油腻腥气,用硬柴炖烧以激活水力,这样的茶水,怎么能不受欢迎呢?

在淀山湖畔的水乡古镇,经常可以看见男女老少围坐在一起炖茶、吃茶。杯杯清茶,碟碟茶点,边吃边谈,有说有笑,其乐融融。这就是阿婆茶。人们把阿婆茶称之为"吃",而不是"喝",是因为在品茶时必须佐以腌菜苋、酱瓜、兰花豆和糖果等茶点。往往是以谈天说地为主题,说累了,吃咸了,才喝一口茶,润润喉咙,然后继续这种带有家庭温馨气氛的社交活动。

炖茶之道,是一种在普通百姓中流行的茶道。即使是在人们纷纷热议可入肺颗粒物(PM2.5)和地下水重金属含量超标之际,许多长者仍竭力保持这种别具风韵的方式。

湖丝与蚕神

湖州,是世界蚕桑丝绸业的重镇,历来有"新丝妙天下"的美誉。蚕忙季节,总是会有小鸟四处叫唤:"撒山看火,撒山看火!"声音清澈可闻。蚕季过后,鸟叫声自然消失。蚕房内用稻草扎成柴山,蚕儿上山结茧,完成一生的使命。这时候,要极其小心火烛。

明人朱国祯的笔记《涌幢小品》说:"湖丝惟七里(辑里)者尤佳,较常价每两必多一分,苏人入手即识。用织帽缎,紫光可鉴。"好的蚕丝来之不易,蚕农必须以极致的精心照料蚕宝宝的一生。与养蚕关系最大者,莫过于桑植。蚕乡的人们除了自家种植桑树,不够时还要买入。那时的桑叶买卖,仿佛今天的期货交易,"价随时高下,倏忽悬绝。谚云:仙人难断叶价"。连仙人都难以判断桑叶价格。但假如擅长预估,低价进、高价出,必然能赚大钱。

有一个姓章的人,预估桑叶价格惊人的准确。"凡二十年无爽,白手厚获,生计遂饶",他很快成为富家大户。这一天,他请来鼓乐手作表演,以示向左邻右舍的酬谢。赛谢完毕时,有一个"矮而肥白"的老妇上门乞求一碗饭。家人一看她是个乞丐,忙赶她走,她却"卧于地,不肯去"。章家人无不酒足饭饱,见老妇人赖着不走,极其厌恶。老妇人说:"我跟章家老爷的曾祖母是好友,每年暗中帮助你们沽准桑价,如今一顿饭都不肯给,怎么吝啬成这样?"章家人听了大怒,上去就要踢打她,老妇却突然消失了。忽然佛堂内发出声音,曾祖母的牌位已一裂为二。主事的赶紧打听,才知道曾祖母乐善好施,尤其见到野蚕,必然带回家收养,直到它吐丝破茧,变成蚕蛾飞走。那个老妇,很可能就是蚕神啊!从此,章家人再也沽不准桑价,无奈败落。

明代桑蚕丝绸业发达,为了牟取暴利,从业者难免尔虞我诈,互相倾轧。这个故事形象地告诫人们,一味见利忘义,最后会适得其反。

还有一个故事讲蠹母。她出身于蜀地鱼凫氏族(这似乎跟三星堆文化有关联),后来迁徙至湖州,性格温柔谦和,然而因为相貌长得丑,怎么也嫁不出去。尽管如此,蠹母很有经纶之志,说自己一旦得志,将大庇天下寒士俱欢颜。她以布衣之身进见黄帝,愿意充当姬侍,奉汤端饭。黄帝问,你有什么呢?她回答:"我什么都没有。但是有了栖身之处,我愿意捐躯刳肠,作为报答。陛下请放手让我来经营,三年后将变隆冬为阳和。按照我的心意,打算为陛下定礼乐。上衣下裳,绣满了山龙华虫、宗彝藻采,使天下都见到文明之治。"黄帝听了,自然非常高兴。

蠹母很有巧思,却不懂得自我防备。每天辛辛苦苦地服侍太后,三俯三起,黄帝体恤到她的辛劳,封她为"长桑君"。她对太后说，自己在您的身边，接受的恩德太多了，日后应当吐出来归还的。居住了没多久，蚕母竟悄悄地滋生、繁育了一大群孩子。太后视同己出，还赐予洗儿钱。并且安置了安静避风的密室，让他们居住。周边的人见到她，发现已是肌肉玉雪，衣裳缟然，都不能不刮目相看。然而，后宫有许多嫉妒之心很重的人，总在太后耳边搬弄是非，说蚕母是小人，不仅避凉附炎，性格也非常残虐，她想得到的东西多着呢。太后终于被激怒了，请黄帝加以炮烙之刑。黄帝说，闻恶不善如探汤，不妨一试。蚕母神态怡然地接受刑罚，并且说，自己早就打算捐躯剖肠，作为报答。虽然被扔进开水镬子里，仍甘之如饴。太后越加愤怒，于是让人抽出蚕母的筋，送给天下族人。随即又感到很懊悔，不能让蚕母没有后代，便留下了孩子。孩子迅速地飞向四面八方。他们的后代愈发繁盛。

这个故事，让我们领略到了蚕神的繁衍之道、经纬之志。这恰恰是"丝绸之路"的精魂所在。

慕俄格雾凇

冬日的黔西北，突然遭遇一场寒潮，雨后的地面结冰溜滑。汽车小心翼翼地在弯曲的坡道蜗行，终于刹住了。我们一行数人，不得不徒步前往慕俄格城堡。慕俄格，在彝语中的含意是距离天穹最近的宫殿。如今所能见到的，是一组仿古建筑群——贵州宣慰府，还原明洪武年间，宣慰使霭翠和奢香夫人办理政务的场所。

天色低沉晦暗，视野却十分开阔。山野间恣肆铺展的植物枝叶，无不凝结着轻盈洁白的雾凇。四季常青的雪松上，犹如悬垂着一个个雪球，也像盛开了无数朵菊花。婀娜多姿的柳条，仿佛无数缕长须银发披挂，显示岁月的沧桑。雾凇呈现完全不透明的白色，附着在各种不同物体上，如雕如塑，如梦如幻。连倒映着玉树琼花的大片湖面，也在宁静中透现清秀雅致。我的心境顿时变得敞亮起来。

在无边雾凇的围拥与反射中，慕俄格城堡自有神异色彩。顺山坡而修筑的殿宇，一层高似一层，后有蜿蜒山岭作背衬，前有平坦铺展的广场，越发显得巍峨端庄。我看到设计成一朵朵火焰状的路灯，一路绵延，尤其令人瞩目。原来，彝族人历来崇火,每年六月的"火把节"是狂欢习俗,显示一个民族对火焰的无比敬仰。

朋友告诉我,昨晚下榻的大方县,在周代曾先后是卢国、夜郎国所在地,历史很是悠远。贻笑百代的"夜郎自大",即出于此。这句成语或许出自某个误会,却从此给夜郎国笼罩上了一层神秘的色彩。不知天高地厚,至少意味着西南夷的富足和不仰仗于人。寒风冻雨中,我们乘车在暮色下的县城街巷穿行,大小店铺比肩而立,灯火璀璨,给人以殷实之乡的印象。许多公共建筑的门口(包括宾馆和县政府大院),都镌有制作考究的对联,汉字的或彝文的,别具一番风景。

这里是奢香夫人故里,当地人无不引以为自豪。很多店铺门口挂有"奢香"的LOGO,吸引顾客。以特产天麻酿制的酒,也注册了"奢香"品牌。昨夜,天空飘着冻雨,寒冷潮湿。我们几个客人被引入小巷,走进一家装修简陋的烙锅店,团团围坐在火炉边。无烟煤的红色火焰静静地舔着黑砂烙锅,散发温馨的暖意。一切都是出乎想象的素朴,烙食的原料以当地特产臭豆腐为主,加上猪肉片、烟熏香肠和新鲜韭菜,竟让大家兴味盎然,话语就越讲越稠。

有人特意送来了水花酒。这是一种苗家人以本地糯米酿成的酒,度数适中,绵甜爽口,饮后嘴唇滋润,酒色成金黄色半透明体,似乎泛起淡淡的嫩绿。我开玩笑说,这颜色,是不是可以称作奢香色?

围着烙锅把酒言欢的,有公务员、文化人、职员,也有企业家,年龄参差,口音各异。由一杯水花酒,引发出关于生态资源、经济互补与联动的热烈讨论。老杨是本地农家出身,他忍不住谈起自己赤脚行山路,一步步走出大山,去往上海刻苦求学,随后留在江南工作的曲折经历。最近两年,他的工作是挂职扶贫。如何让黔货出山,反哺父老乡亲,正是这次黔西北之行的主题。我感受到了他的殷切与真诚。也许,烙锅的香气勾起他的回忆,触动了心底隐秘的情感?

下午,老杨陪我们去参观储藏水花酒的仓库。那是一个垂挂钟乳石的幽深山洞,地面坎坷不平,连电灯都没有。随时都可能有冰冷水滴落在脸上。然而洞内恒温恒湿,常年保持在摄氏18度上下,水花酒在这里至少能保质半年。又靠近公路,便于向外运输。这里水质极佳,据说在奢香夫人执政的年代,用糯米生产的哑酒就远近闻名。这里还出产上乘的天麻等中药材,无公害蔬菜也足以给人诱惑。自然还有更多我不知晓的土特产,可惜多少年养在深闺人未识。

我从不擅酒,在你一言我一语的热烈气氛中,却也忍不住端起粗瓷碗,饮下了一大口。甘洌的酒气,从喉咙口滑下,顿时令脸颊酡红发热。不由想,从六百多年前的移民在这里构建军屯、民屯算起,江南与滇黔间的经济文化交流就开始了。这里拥有丰富的矿产、能源,农副产品种类繁多,质量上乘,生态旅游资源也是首屈一指。以前受制于交通条件,然而现在变了,铁路、高速公路、航道、航空,以及"5G"网络,迅速拉近了时空距离,让一切都成为可能,黔货出山方兴未艾。

夜,悄悄地趋向深处。暖意融融,谈兴浓浓。醇酒是如此甘美,让人点燃激情,消除了陌生感带来的阻隔……

慕俄格城堡以巍峨的姿态出现在我们面前。

由于气候陡变,四周几乎不见游客。我一路在滑踏中攀登,一路思索城堡昔日的主人奢香。这位彝族女政治家,无论在史册里还是在口述中,始终是一位充满传奇色彩的人物。明洪武十四年(1381),彝族土司、贵州宣慰使陇赞·蔼翠不幸病逝,妻子奢香夫人年仅二十三岁,便代替年幼的独子,摄理贵州宣慰使一职。她毅然承担重任,千方百计修筑道路,设立驿站,沟通中原与西南边陲的交通,巩固边疆政权,保障水西及贵州的社会发展和经济繁荣,显示天赋才干,演绎了一段不凡的历史。

有一个故事说,洪武十七年(1384),朝廷派驻贵州的都指挥马晔,出于民族偏见,竟视奢香为"鬼方蛮女"。他无端将奢香抓到贵阳,裸露其身体,鞭笞其背部,企图激变彝民。在战事一触即发之际,深明大义的奢香公开表明不愿造反的态度,当众揭露马晔的险恶用心,避免了一场战祸。

奢香夫人病逝时年仅三十八岁。对于这位女政治家为促进汉彝民族团结、保障边陲安宁作出的功绩,朱元璋由衷地赞叹:"奢香归附,胜得十万雄兵。"

我的目光,从蔼翠和奢香夫人的蜡像移向宣慰府的衙室,看见了作为背景的獬豸图案。这种古代神话传说中的神兽,怒目圆睁,能分辨是非曲直,识别善恶忠奸,一旦发现奸邪之官,就用独角将其触倒。这正是司法"清平公正""光明天下"的文化象征,也从一个细节体现了奢香对汉族政权制度的接受。

奢香夫人虽然是年轻女性,却颇具政治目光。她曾多次不辞辛劳,跋山涉水,前往应天府(今南京),通过朝觐明太祖、禀呈政务、输赋、进贡地方物产和马匹等活动,以加强黔贵边陲与明王朝中央政权的联系。她十分喜爱中原文化,大胆向外广聘汉儒,多方接纳文人学士,兴办宣慰司学以培养各族子弟。与此同时,前往汉族地区招徕能工巧匠,学习先进的耕织技术,推动生产发展。刚刚长大成人的独子阿期陇弟,她亲自送入京师太学读书。

尤其值得称道的是她倡导彝汉融合,今天仍让人受益无穷。

我想,当年沈万三被朱元璋发配充军滇黔边陲时,通过茶马古道,继续以经商谋生。善于接受沿海地区农耕文明和儒学文化的宣慰使蔼翠和夫人奢香,一定热忱地给予便利。对充满传奇色彩的沈万三的经商之道,他们也必然产生浓厚兴趣。

站在慕俄格古城的台阶向远处眺望,雾凇妆扮下的四野,肃穆而又寒凝,庄重而又冷峭。我暗忖,史册中的每段文化,也正是如此在时光里滋长、升华、凝集的吧?

裤子的文化启示

中国的服饰文化,历来偏重于冠帽、衣裳和鞋履。冠帽有如冕冠、凤冠、帷帽、幞头等,衣裳有如朝服、黄袍、深衣、霞帔等,鞋履则有如履、屐、舄、靴等,却很少关注裤子。汉代有一种套裤,那是两只互不连属的裤腿,穿时套在内裤外面,露出臀部和上腿后部,仿佛今天的雨裤,颇不讲究。宋元以后,套裤普遍流行,并且演变成膝裤。宋人《杂剧人物图》中描画一位女伎,膝盖下是一条蓝格子布做成的膝裤,膝裤的位置在裤子和袜子的中间,这又被称为胫衣。

五六十年前的江南水乡男人,在夏秋季会穿褊裙。褊裙长及脚板,有点像东南亚女人穿的纱笼,不过是蓝土布做的,没那么艳丽花俏。冬天,他们穿宽大的抿裆裤,用一根布带束在腰间,外面罩一件长过膝盖的棉襽。出门时,两只手互相拢在衣袖里取暖。

裤子,其实是外来文化。

这要从战国时期的赵武灵王说起。他即位时,国势衰落,大将被擒,城邑被占,即便是邻界小国也常来侵扰,周围的一些游牧民族部落如匈奴、林胡、东胡等,长于骑马射箭,常常进犯赵国边境。时刻担心赵国被兼并的赵武灵王发现，胡人窄袖短袄的服饰自有特别的长处，生活起居或狩猎作战都比较方便。作战时使用骑兵、弓箭，与中原的兵车、长矛相比，有更大的灵活性。为了富国强兵，他在邯郸城果断地提出了"着胡服""习骑射"的改革主张。

胡服，就是直接采用胡人的服装。赵武灵王的胡服改制很彻底，他不仅要求军队将士穿短装，束皮带，用带钩，穿皮靴，全国上下无论臣民都应该参照执行。这，不出预料地遭到了巨大阻力。他的叔叔公子成便表示反对，公开说："臣闻中国者，圣贤之所教也，礼乐之所用也，远方之所观赴也；蛮夷之所则效也。今王舍此而袭远方之服，变古之道，逆人之心。臣愿王孰图之也。"

赵武灵王听到后，亲自去向叔叔做解释工作。他仔细分析了赵国的地理形势和军事危机，说："寡人变服骑射，欲以备四境之难，报中山之怨。而叔顺中国之俗，恶变服之名，以忘鄗事之丑，非寡人之所望也。"一番话，终于把叔叔说服了。

经过若干年的努力，下身裤子，上身窄袖交领右衽的服装，由于便利骑马作战，成为中国军队最早的一种军装，以后逐渐演变为盔甲。胡服骑射不仅为赵国赢得了赫赫武功，更开创了我国古代骑兵史的新纪元。王维的边塞诗"苜蓿随天马，葡萄逐汉臣"，恰恰是汉唐时期军事活动的真实写照。

服饰，是每个人身份高低的标志，也是夷夏不同民族身份的标志。历代统治者以严格的等级服饰来显示自己的尊贵和威严。推行胡服骑射后，强化了服饰的实用功能，弱化了身份界限。尤其是裤子，比起原来的深衣袍袄，大大有助于行动。习胡服、求便利很快成为一种社会风尚，君臣、官民服饰的差别得以缩小。

胡服骑射的实施，还促进了中原汉族与边地少数民族间的经济、文化交流。崇尚峨冠博带的汉人穿上了胡人窄袖紧身、圆领、开衩的服饰，骑在马背上的胡人也挺喜欢汉人宽松飘逸的服饰，由此消弭了赵人、胡人心理上的差异，潜移默化地促进民族融合，为秦汉时期各民族大一统局面的形成创造了有利条件。

到了宋代，沈括在《梦溪笔谈》中，也作出这样的叙述："中国衣冠，自北齐以来，乃全用胡服。窄袖绯绿短衣，长靿靴，有蹀躞带，皆胡服也。"在沈括看来，为了强化礼制文明，历代服饰有所变化，但还是因袭了胡服的制式。

文化融合从来是双向的。作为外来文化的胡服骑射，渐渐衍化成了汉民族自己的东西，犹如汉文化也不断影响着少数民族文化。你看汉唐时期的那些君主，雄才大略，文治武功，不正是因为在与不同文化的交集中博采众长，才伫立于世界民族之林的吗？

时至今日，西裤、裙裤、直筒裤、灯笼裤、喇叭裤、铅笔裤、哈伦裤、背带裤……裤子的种类早已数不胜数。而牛仔裤这种美国劳工所穿的紧身工作裤,成为风行世界的服装,完全超出了人们的想象。裤子的普适和独特、艺术和实用、性感和保守的巧妙结合,更是显示了流行文化的魅力,给我们带来太多启示。

老航船

1917年，英国海军参谋部情报处曾编印了一本《中国本土手册》，涉及水乡交通，说苏南地区无法利用车辆运输，因为道路与桥梁的状况很不适应。大车，甚至独轮小车都几乎没有。行旅除了徒步，普遍的方式是小船。只能用船，船是最好的工具。往来皆须舟楫，是江南水乡的特征。不谙此道，则寸步难行。

整整一百年来，水乡的船历经变迁。撇开农船、渔船不谈，用于交通运输的航船也不断升级换代。最初是以航船、划船、班船为主。比如沪苏交界处有一种昆嘉杭班船，三日一次，来往于昆山、嘉定、杭州。苏航支船，专门接运苏州与杭州的货物，转运至安亭、黄渡等镇。支船专运货物，起到了转驳作用。但也有短途的划船，例如天（福庵）嘉（定）划船，就人货兼运。不论是从本地出发的船，还是外来经停的船，都给人们的商品交换和交通出行提供了便利。

航船在长期经营中，渐渐出现了一种独特的物流业。主要是有固定航线和班期的航船，接受一些商店的委托，不仅代客运输商品，还代为付款采购。甚至私人的日用杂品也可带购。航船主代客垫付货款，带回目的地后收取一定的"水脚费"（包括运输费和代购酬劳)。由于航船经营作风正派,有一定的信誉,与城市中有业务往来的商家建立了良好关系,可以凭折子记账、取货、付款,不必当时银货两讫,在做过若干笔生意后总算,或到了月底、年底及端午节、中秋节结算,弥补了资金周转不便的缺点。对本地商家,也可以采取同样的办法,以折子记账,这很受客户的欢迎。

昆山巴城镇,地处阳澄湖畔,周围有巴城湖、傀儡湖、鳗鲡湖、雉城湖环抱。从清代末年至民国初年,就形成了完整的水运系统。有西往苏州、无锡、常州的"常昆""浒昆"等班,东去昆山、上海的"沪锡""沪常"等班。航班的起讫地点一目了然。除了途径巴城的,还有来往于巴城和常熟塘市、巴城和昆山城区、巴城经石牌去苏州的划船。各种各样的班次,可供人选择。不过,这些都是白天营运的航船。到了晚上,水乡古镇的四栅(主要水道的栅栏)就由专人关闭,航船无法出入。这是为了确保夜间的安全。

但随着时间的推移,人们不满足于此,开始筹办内河航运的小轮船,用于搭客与运货。这不仅航运速度快,比较准时,而且很少受到风雨雷电的影响,即使是晚上也可以行驶。住在古镇的人们渐渐养成习惯,听到轮船靠岸的汽笛声,就知道是几点钟,该做什么了。据地方史料记载,清光绪二十一年(1895),苏沪之间就有隔日行驶于吴淞江的班轮。轮船往返迅速,二十多个小时可走完原来坐航船四五天的航程。常熟商办轮船从光绪二十六年(1900)起,开辟虞申航线,途径昆山,沿吴淞江进入上海。昆山轮船码头最初设在廿四家屋,后改在东门城河街。从巴城去上海,下午四点多上船,凌晨可以抵达。古镇周庄同样依靠轮船与外界沟通。一直到20世纪80年代,还有昆山班、苏州班,每天分别对开。从昆山去周庄,早晨六点半在正阳桥西的轮船码头上船,只要不遇到台风、大雾,中午十一点半可以抵达周庄南湖码头。但十二点轮船又要返回。若想办事,必须在旅馆借宿。半天的旅途其实也未必沉闷,喝茶、聊天、看书、结绒线,能够做很多事,且安全舒适。有时还会看到唱小热昏卖草药的。这种情形,到修筑公路、架设急水港大桥后,才得以完全改变。

青花的乡愁

我跟随三三两两晨练的人们进入了访窑古道。山坡曲折起伏，路边林木参天，不时出现的标识牌，透露着瓷乡的身份信息。偶尔出现在树丛后的一支烟囱，意味着那是废弃的窑址。在清冽的晨风里，我凝视坡道下的一堵矮墙，檐口用瓷缸的底足垒筑，墙面则由无数青花或粉彩瓷碎片敷贴而成。一只秘色釉瓷瓶被摇曳的草花掩映，格外引人瞩目。

这里，与其说是陶瓷博览区，还不如说是一处以瓷器为主题的园林。散落于树木草坪间的大花瓶、画缸和将军罐，与草色浑然一体。高踞于假山石上的青花茶壶，仿佛正向翠竹丛倾注清泉。放置在游廊木架上的一排排坯瓶，白色瓶身留下岁月的斑驳印痕，又平添几分现代意识。那古朴的木门里，该是瓷艺工坊吧？

抬起头，只见广场上高高耸立着一尊青铜雕像。在阳光下，这个窑工形象的男子，右手高擎火把，左手握紧拳头，浑身充溢着一股气贯山河、无所畏惧的力度。他叫童宾，是自明代万历年间起景德镇瓷工祭祀的窑神。其实童宾只是御器厂的普通窑工。民间传说，当时朝廷下令烧造青龙大瓷缸，必须做到"万里无云",哪怕是芝麻大的疵点都不能疏遗。然而一次次惨遭失败后,童宾不忍宦官万般逼迫,不惜以身代薪,用血肉身躯换取了大龙缸的烧造成功。我凝神细思,童宾并非神灵,也不是传奇。作为瓷工的代表,令人敬仰的是一种敬业、献身的陶瓷精神。

景德镇的土地上,四处弥散着瓷器文化。瓷器文化是这座古城的立身之本,也渗入人们的精神世界。无论是在汽车行驶中,看青花瓷筒护卫的电线杆沿街排列,还是走进高楼大厦,看门口的巨大瓷瓶,甚或在普通人家厨房里使用瓷刀、瓷筷、瓷盘,你会恍悟,这里所有的一切都是瓷器派生的,如歌如吟、有声有色的岁月由熊熊炉火所陶冶。

在景德镇,我有机会结识了几个以瓷器为业的朋友。一个是浙江人,开设了一家厂生产酒瓶,偏偏是以釉色青翠的龙泉窑为主,与景德镇的白瓷青花颇不相同。那些瓷瓶从造型到图案,既继承传统,又给人现代艺术感。另一个是上海人,书画家。他被称作"景漂",与无数来自国内外的年轻人一样,在瓷都潜心研修、创作陶艺,深深融入这座城市。他给我看了试创的瓷板书法。小楷扇面和行书条幅,烧成了瓷板,却呈现宣纸的质感,墨色逼真,印泥殷红,令人耳目一新。

还有一个是本地人,设计师。不抽烟,不喝酒,却嗜茶。沏了一壶滇红,浅呷几口,就眉飞色舞起来。他创办的陶瓷作坊生产茶具,每天反复琢磨怎样把一只杯子做到极致,让茶叶氤氲的香气充分挥发。瓷杯,原本只是一坨毫无气色的泥土。经过许多道工序成形,在窑内任烈火反复燃烧,终于衍化成非凡的艺术品,呈现独特的生命。

最寻常也是最珍贵的,毕竟数青花瓷。它的青白之志,与徽派建筑一脉相承。高大的白色围墙,青砖飞檐重叠,构成起伏的马头墙。无论是富商的邸宅,还是普通人家的小楼,无不坚守古俗,除了青白,几乎没别的颜色。正所谓淡泊明志,清白为家。再看瓷瓶瓷缸的纹饰,深浅之间,青花自有分寸。那些缠枝牡丹、芭蕉竹石、云龙海水,仅用一品青色,便勾画得那么精美。奇异的蓝色,恍若太阳朗照下的青天,在崇天的中国人眼里,非别的颜色能比拟。这是天色,也是国色——在英语里,中国和陶瓷这两个词的拼写和读音都是"China"。

每座城市的个性,都是漫长时光积淀与嬗变的结果。对于景德镇,无法复制的标识是陶瓷文化。想起十多年前,我初次来景德镇访瓷。在文物商店的一间仓库里,发现了大量青花瓷砚。砚台背面清晰地烧制着"雍正二年""乾隆十年"之类的字样,令人确信无疑。与之相映衬的,是这里保存着大量历代瓷业遗产——原料产地,作坊窑房,道路码头,商铺民居,窑砖里弄……延续千年的基因,属于城市,也渗透一代代居住于此的人们的肌体。

我在景德镇作了三天客,走了不少地方。本地人的菜肴,偏咸,重辣,却又不失乡土的原味。这看来是终日跟熊熊窑火相伴的人们长久养成的习惯。是啊,在四海为家的年月,不管身在何处,只要端起饭碗,闪烁青花釉色的瓷器,就勾起乡愁了。

这是青花的乡愁啊。

跃龙湖的牛

在上海书展办过《不尽娄江：江南人文手记》的新书首发式，第二天我就被几个朋友拉到五百公里外的安徽明光。不由分说，驱车进入黄寨牧场。越野车在沙石路上颠踬不已，摇摇晃晃中，绿色视野逾显开阔，时而见有波光粼粼的湖面从峡谷中闪现。草甸上除了牛马和鹭鸟，阒无一人，都市的喧嚣繁华便全然丢在了脑后。

大约六百年前，明代南太仆寺曾在这里设立大黄寨、小黄寨，饲养军马。我想起归有光当年从河北顺德府迁任太仆寺丞，就是在这个衙门。但他并没有管理马政，而留在北京撰修明史。中华人民共和国成立后，这里辟为南京军区军马场，蓄养万匹军马。这里也是秦川种牛的繁殖基地。如今黄寨牧场已归属地方管理。作为规划中的旅游景区，暂时还没有对外开放。所以一切都呈现简陋的原生态。

放眼看去，由绿色牧场环抱着的跃龙湖，犹如一块硕大无朋的碧玉，澄净，平滑，透亮。两条正在捕捞中的渔船点缀其间，让它平添灵动之感。连日酷热，暑气不退，我们无以见识成百上千头牛儿散落于草原的壮美，但越野车行驶途中，不时能看见白鹭齐飞,群牛浮水的景象。在一片茂盛的草地上,我意外地发现了几只牛背鹭。看,玲珑小巧的鹭鸟与一派憨态的黄牛,看似不相称,却成为良侣。它们忽而跃上牛背,用尖尖的嘴喙拨弄两下,忽而昂起头,骄傲地行走在金黄的牛脚边。一身雪白的羽毛在阳光下显得分外莹洁。它们遵循大自然的规律繁衍生息,自由生长。千百年来就是如此吧?

居于江淮分水岭之上的牧场,堪称华东地区最大的原生态草原。牧草遍地,牛马散落,红白三叶草竞相绽放。我无法分辨哪是苇状羊茅、鸭茅,哪是三叶草、矢车菊。站立在没过脚踝的草地里,看四周岗岭逶迤起伏,丘壑舒缓有致,大片绿色错落铺陈,甚至不见一处村庄民居,心胸便不由自主地舒展开来。不知已有多久未曾与山水花草如此亲近,连拂面而至的风,都让人想一把揽在怀里。

道路尽头处,已邻近跃龙湖。一抬头,我如愿以偿地看见了大片牛群,眼睛顿时一亮。几十条黄牛、花牛、壮牛、子牛,或安卧于树荫,或沉浸于湖水,或漫步于岸滩。它们与蓝天白云、绿草碧水浑然一体,构成如诗如画的景象,姿态优雅自在。天地为圈,群山为栏,根本不见一根牛缰绳,也无须放牛人看管,饿了啃草饮水,累了欣赏湖光山色,喜了哞然一声长吟。更有无数在空中翻飞的白鹭,与它们作伴。哦,谁说它们不正是这片牧场的主宰者?

在几千年的农耕社会中,俯首劳作的牛,始终是人类的最佳伙伴。我生肖属牛,天然爱牛,不由自主地向湖边走去。一头俊秀健壮的公牛迎面走来,我急忙举起手机,想拍摄照片。谁知它瞪圆眼睛吼叫着,抬起一对弯曲的犄角,毫不犹豫地冲撞过来,我只得赶快避开。蓦然省悟,并非它无礼,而是我们这些不速之客,很不礼貌地闯入它们的领地,打搅了牧场的安谧宁静。

一条机动竹筏船载起我们,徐徐驶入了跃龙湖。前些日子的梅雨,让湖水愈加显得深邃、丰盈。圆弧形的湖岸线悄然变幻,山峦的倒影便如饱蘸的水墨一般晕开。深深浅浅的绿,晶莹透亮的绿,生意盎然的绿。一时间,让人全然忘却尘世的烦嚣。几个朋友是石锁迷,此情此景,令他们激情迸发,从背包里取出从不离身的石锁,就在船头练将起来。几只手机交叉对准,拍摄下视频。一会儿,就制作成抖音上传。点赞者无不惊呼:这是在何方仙境?

我久久遥望着湖岸上的那些黄牛、花牛。不由暗忖,生而为牛,尽享大自然的恩赐,为何不该令人羡慕?

青梅竹马的嗔笑

《诗经·卫风》中有一首《芄兰》："芄兰之支,童子佩觽。虽则佩觽,能不我知。容兮遂兮,垂带悸兮。芄兰之叶,童子佩韘。虽则佩韘,能不我甲。容兮遂兮,垂带悸兮。"如何诠释这首诗,历来众说纷纭。《毛诗序》说:"《芄兰》,刺惠公也。骄而无礼,大夫刺之。"以此引申出对骄蛮官员的讽刺。《诗三百篇探故》说:"以次章'能不我甲(狎)'之句推之,疑为女子戏所欢之词。"意指怀春女子取笑恋人装模作样。《诗说解颐》认为,是讽喻父母教育不当,使小孩装腔作势。朱熹在《诗集传》中干脆把它放在一旁:"此诗不知所谓,不敢强解。"

我曾详读已故北京大学教授、博士研究生导师褚斌杰的《诗经全注》(人民文学出版社1999第一版)。他认为,"这是首女子向小伙儿表爱挑情的诗"。《读书》杂志2020年第三期所载胡舒依《正视与克制——"儿童文学"古今之辨》一文说,"在考察古代社会的具体问题时,应充分尊重当时的历史背景,不能过分以古衡今"。"曾有学者在文章中说,《诗经·卫风·芄兰》是中国最早的儿童诗歌。此说应是想为现代儿童诗歌寻古时之源"。

强调最早、第一、无比,似未必可取。但诗句里洋溢童趣是

肯定的。我们不妨试着把它翻译成现代诗,以方便阅读:

芄兰的枝头长着荚实,童子身上戴着解结的锥子。虽然佩戴锥子,为什么不和我相好?看他一本正经的样子呀,腰间垂带随风飘。芄兰的叶子圆又圆,童子手上戴着射箭用的扳指。虽然佩戴指板,为什么不和我亲昵?看他像模像样的架势呀,腰间垂带晃悠悠。

诗句以少女的视角,看待一个乳臭未干的少年。他急切地用成年人的饰物装扮自己,渴望被人看重。少女就站在他面前,却仿佛视而不见,不愿意跟她亲近,怎么能不被人嗔笑呢?

芄兰,是一种多年生蔓草,学名萝藦,可以入药。芄兰的荚实倒垂成锥形,犹如觽(骨制的小锥),叶子呈圆形,仿佛韘(扳指)。幼稚的童子一心想佩戴成人才佩戴的饰物,年龄尚小,无法得到,只能用芄兰的荚实和叶子来替代。少女则借助于缠绕蜿蜒的芄兰枝叶来表达内心隐藏的情感。毛头小伙子学着佩觽,意味着已能够主事,偏偏并不理解少女心事。难怪她要皱眉跺脚,似嗔还娇了。

值得注意的是诗句中的"童子"与"我",无论身份还是年龄,都是十分清楚的。正因为彼此青梅竹马,两小无猜,所以她才毫无顾忌地发出"能不我知""能不我甲"的嗔笑,用女孩子独有的方式,大胆地跟他开玩笑。她非常明白,眼前的童子还是童子,哪怕他装模作样,竭力让自己像个男子汉。从这个意义上说,少女并非真的想表达爱情,而是借此讥讽他少不更事。不懂爱情,佩觿佩韘又有何用?

《芄兰》就近取喻,叙事写人显得细腻而又紧凑。全诗两节十二句,下节只替换了三个字,即支换成叶、觿换成韘、知换成甲。寥寥数言,却把童子与少女天真活泼的形象,勾勒得十分鲜明。一本正经地做傻事,这不恰恰是童趣所在吗?

有人说,这首诗是从炫富开始的,炫富的结果有可能毁了孩子,同时也反衬出父辈的浅薄。所以应该遭到正常社会的讽刺。这是在用现代人的观念强加于古人了。

《芄兰》这首诗,犹如一段短视频,生动地展示了古时候青梅竹马的少男少女形象,他们的咯咯笑声与"芄兰"这个好听的名字,让我们难以忘却。

淞南行

一

北宋诗人晁补之泛舟吴淞江,曾写下一首五言绝句:"系帆凌震泽,抢雨入盘门。怅望夫差事,吴山闷楚魂。"眼看天色骤变,大雨将临,船儿赶紧靠岸。站在船头的诗人,禁不住触发了怀古之幽思。

一千余年后的一个春日,驾车行走在吴淞江南的我,也无法不关注它的前世今生。吴淞江蕴含着上海的身世之谜。沪,究竟是什么?《清嘉录》引唐代诗人陆龟蒙《渔具诗序》中的解释:簖,沪也。簖簾,是拦在湖港交汊处,用来捕蟹捉鱼的渔具。沪也称沪渎,是指吴淞江入海处——那里是螃蟹性腺成熟时从阳澄湖前去产卵的地方。假如谁能知悉吴淞江的变迁,就算是了解半个中国了。

在散文家归有光的心目中,位于淞南的吴家桥,是他的外婆桥,一处与项脊轩、世美堂有着同等分量的精神家园。他始终生活在吴淞江畔,对江南水利的思考比同时代人深远得多。《震川先生全集》中论及水利的篇目有《水利书序》《水利论》《三江图叙说》《论三区赋役水利书》等。他认为,治太湖水患,应重点治松江(即吴淞江)河道,因势利导,方能费力少而收效大。

隆庆三年(1569),海瑞以右佥都御史巡抚应天十府。他数次冒雨外出察看水灾。弄清楚是吴淞江长期不修,淤泥阻塞了通道,太湖泄水不能畅通,才酿成灾害。海瑞认真读了归有光关于水利的文章,从内心接受他的建议,很快向朝廷呈报了关于疏浚吴淞江的奏疏。与此同时,他夜以继日地筹划疏浚吴淞江的具体安排。海瑞采取"以工代赈"的办法,吸引苏、松一带的灾民共同上工修江,使疏浚工程很快大见成效。

淞南,长达一百二十五公里的吴淞江南岸,历来是太湖流域最富庶、最秀美的地区。旧青浦,即青龙镇,位于江流东端。西接大盈浦,东接顾会浦,西通白鹤江的青龙江,在这里汇入吴淞江,今天大多已埋塞。它因三国吴在这里建造青龙战舰而得名。由渔事而成集镇,由集镇又成古青龙港,一派舟楫相连,樯橹蔽日,客商云集的景象,堪称上海最早的内外贸易集散地,海上丝绸之路的重要港口。

吴淞江从北新泾东进入上海境内的一段,称之"苏州河",被誉为上海的母亲河。其实,"苏州河"一词体现了中西文化的结合。上海开埠后,因为洋人常常乘船沿着吴淞江来往于苏州,将她称作"通往苏州的吴淞江"(Soozhow Creek)。1848年,上海道台与英国驻沪领事在签订扩大英租界协议时,甚至正式把吴淞江写作了苏州河。天长日久,相沿成习,吴淞江的名字反倒从人们记忆中淡出了。

明永乐初年,由于吴淞江和黄浦下游严重壅塞,致使苏州、松江一带大水成灾。主理水利工程的户部尚书夏原吉采取"掣淞入浏""掣淞入浦"的方案,终于舒解了淤塞之急。上游水源分泄江海,下游(吴淞)江(黄)浦合流,浩浩荡荡的黄浦江水直达东海,河床被冲刷得越来越深广。况且它又处在控江襟海的有利位置上。上海开埠后,外洋轮船可以停泊至黄浦江码头。正因为如此,上海才真正成了上海。

事实上,这道母亲水是属于上海的,也属于苏州。

二

我读叶清臣的《吴淞江赋》,吟诵这样的词句:"肇提封之所履,属方割之此忧。将浚疏于汇川,其拯济于畛畴。转白鹤之新渚,据青龙之上游。濯埃垢于缁袂,刮病膜乎昏眸。左引任公之钓,右援仲由之桴。思勤官而裕民,乃善利之远猷。"

北宋宝元元年(1038),叶清臣任两浙转运副使。当时吴淞江弯曲浅狭,淤积严重,太湖民田又为豪强占据,上游水难以宣泄,经常积涝成灾,叶清臣亲自查勘,寻求解决之法。吴淞江在漫长岁月中形成了白鹤汇、顾浦汇、安亭汇、盘龙汇等大湾。他上疏请求裁直盘龙汇,使之"道直流速,其患遂弭"。后人开通白鹤汇、顾浦汇也都沿用此法。

词赋令我沉思勤官、善利、裕民，回忆起自幼就熟悉的吴淞江畔氤氲的气息：麦叶与野花的清香，稻草和牛粪沤烂后的腐臭，江风掠过水面带出的鱼虾鲜腥，阳光在泥土中旷日持久地散发暖意……这样的气息，如今正渐渐地被汽油的余烬所冲淡。

好多年前，我曾以新闻记者的身份，随同费孝通先生走访过吴淞江左岸的一个乡镇，听他以带有浓重吴江口音的普通话跟基层干部交谈。他提出了发展乡土工业，实现乡土重建的观念。这既不是对西方式道路的简单模仿，也不是对传统的迷恋与回归，而是将工业文明和乡土社会作嫁接。一生都在强调人的社会性的费孝通先生，从文化的社会性和历史性的角度提出了"文化自觉"的理论。他希望大家通过"文化自觉"对自己的社会和文化进行反思。

文化是干什么的？简而言之，是要创造一个美好的世界，一个艺术化的世界，在物质极大丰富的基础上，再建筑起一个美好的精神世界。"文化自觉"，是指生活在一定文化中的人们，对文化的自知自明，明白它的来历、形成过程和在生活各方面所起的作用。

物换星移几度秋，历史始终呈螺旋形上升。但今天不平衡的"三农"依然存留着历史的影子。

我不由思忖，勤劳致富无可厚非，以经济建设为指向的新农村建设，是合理的。但农民十分需要适合自己的生活，需要精神上的归属感，而不是面对市场经济大潮感到软弱无力，悄悄地被边缘化。这正是他们的"乡愁"。用文化建设的办法，花钱不多，却能让农民获得人生的体验和满足感，这显然很有意义。

三

在淞南的一个村子里，我与村官小周聊了很久。

大学毕业后，他坐过几年机关，后来却决然来到这个贫困村。村里多老弱病残，年轻人都接二连三地跳出了田角落。乡路、桥梁、驳岸年久失修，三千亩粮田有赖于政府的扶持。

愈是深入，愈是矛盾纠结。前几任村官的债权债务，仿佛一团无法理清头绪的乱麻。就连开会，也与他的想法不一样。干部会、党员会常常会代替村民会。在修桥补路、整葺环境的同时，他把目光投向粮田。这些年，粮田渐渐流转到大农户手里。一年种熟上百亩，就能稳稳地收入好几万元。于是有人打起了小算盘，把农户的粮田盘到手，偷偷转租给外来承包户。即使什么也不干，仍有三成收入。

如何依法治村，保障每个村民的权益，成了他思虑的重点。可是怎样确认是转包了，又怎样获得绝大多数村民的支持？一时拿不出好办法。他想到了村民自治。村民自己的事情，为什么不让大家集体讨论？他们有权决定自己的一切。各家各户的村民都请来了，集思广益，办法自然就有了。

"我的同龄人对乡村是又爱又恼的。假如说乡村不能寄托他们的梦想,是因为还不够美丽"。从他真切的话语中,我听到了无限热忱。

自古以来,吴淞江如乳汁一般浇灌着两岸沃土,这里始终有旖旎的风光、宁静的环境和浓郁的文化氛围。当久居一隅的人们看到了精彩的外部世界,开始责疑稻米莲歌、耕桑读律、科名相继的传统,很多东西就改变了。潮流是挡不住的。你看昔日阡陌纵横、蛙鼓阵阵的田野,魔术般地涌现了生产环保涂料、新能源设备、电子元器件的流水线。口袋里装着大学文凭和身份证的青年人,从四面八方赶来,寻找与父辈不一样的生活。从他们穿着缀有 Logo 的工作服,在自动取款机前排队的神态,就可以明白,由乡下人变成城里人,只有一步之遥。

视线所及,惟见平坦如砥的马路、镌着中英文标识的厂房、大型集装箱车。一长排路灯,不仅安装太阳能电池板,还有旋转的风叶。波光粼粼的江面、翠鸟鸣叫的芦荻和大片映照得睁不开眼睛的金色油菜花,我明白,这里永远流淌着丰沃的母亲水……

一水而东

中国古代地理著作《尚书·禹贡》中,有"三江既入,震泽底定"的记载。意思说,三江是震泽排泄入海的重要通道,三江畅通了,震泽就不再有壅塞之虞。震泽,即太湖。三江指哪三条江,历来说法不一。《吴越春秋》载:浙江(钱塘江)、浦江(浦阳江)、剡江(曹娥江)为"三江"。韦昭《国语》注:松江(吴淞江)、钱塘江、浦阳江为"三江"。陆德明《经典择文》引顾夷之《吴地记》载:松江、娄江(浏河)、东江为"三江"。当今学者大多依照《吴地记》的说法。吴淞江和娄江今天依然发挥作用,古东江已被淤塞,原本究竟在哪里,迄无定论。

太湖流域,水网纵横交错,唯以三江为主干。三江穿越的这片鱼米之乡,自崧泽文化、良渚文化时代起,就是中国最为丰稔富庶的地区。一水而东的三江,带来了水土之腴、灌溉之便、航运之利,更滋养着精神文化。

一

五千年来,三江始终是太湖流域的命脉。

《小方壶斋舆地丛抄》收录的清代官员齐召南《太湖源流编》，在叙述太湖的地理位置、上源诸溪后，详细介绍了下流入海的三江走向：

吴淞江，古名笠泽，亦曰松陵。江自太湖分流，出吴江县城东南之长桥东北，流合庞山湖。又东北经唐浦，折东南流十余里，为甪直浦，即古甪里（在昆山县西四十里）。又东南流经淀山湖，入松江府境，合赵屯、大盈、顾会、崧子、盘龙之五大浦，流入上海县西北境之宋家桥，又东南流至县东北三十六里，与黄浦合，又迤逦为吴淞口入于海。

娄江，今曰刘家河。自太湖分流于吴江县西北十八里之鲇鱼口，北流至苏州府城西三十里之木渎口，由胥门外曰灰（晖）桥入运河，经城东为娄门湖，又东至渎墅湖，又东为陈湖，又东受阳城、巴城二湖之水，经昆山县城南（一里），又东四十里，经太仓州城南，自州西南诸水悉会，又东稍南七十里曰刘家口入于海。自娄江而北，泄水支港颇多，其最名者，太仓州北之七鸦浦入海；又西为常熟县东之白茆港，北之福山港入江也。

齐召南没有谈及东江。《小方壶斋舆地丛抄》收录的王廷瑚《三江考》，说得比较详细："其东南流者为东江，由吴江而东，经嘉兴、平湖,会浙西诸水至乍浦城旁,以达于海。嗣因海潮为患,修筑海塘,填塞诸流入海之处,不但东江渐淤,自杭州而东若仁和、海宁、海盐、平湖诸水皆不能达海矣,至今乍浦地境有东江场司衙署,故址犹存。《吴郡志》又载东江自太湖分流,经吴江、嘉兴入海盐、乍浦,以达于海,与《松江府志》以黄浦为古东江者互异。"

王廷瑚认为,东江可以分成三路。即南路之水、中路之水、北路之水。北路之水,由蚬港、急水港、银顷湖、辰湖、淀湖(即淀山湖)达于北泖,今天仍是苏申之间的一条重要航道。

近年来,南京博物院有关学者通过微地貌的调查和沉积物的分析,在今苏州东南三十里古三江口处,发现存在三个显著的线型低砂地带,朝着太湖辐集,其中两个与吴淞江、娄江符合,另一个则从澄湖、白蚬湖及淀泖地区向东南,至海盐附近的低洼地带。这为研究东江走向提供了依据。

《三江考》有关于娄江的叙述:"绕葑门、娄门转东,经昆山城外一曲,再东直抵太仓,穿城而东以入长江者为娄江。"所以,归有光先生当年把昆山城所在地称为"娄曲"。

二

三江,海上丝绸之路的出征线。

元末明初,沈万三在古镇周庄借东江之便,大胆开展"竞以求富为务"的对外贸易活动。他发挥非凡的经营才能,频繁来往于徽州(今歙县、黟县、休宁、祁门、绩溪、婺源)、池州、太平府(今安徽马鞍山市、芜湖市一带)、毗陵(今常州)和苏州,把内地的丝绸、瓷器和手工艺品经由东江至澉浦港,运往海外,先后辗转到达占城(今越南南部)、爪哇(今印度尼西亚爪哇岛)、暹罗(今泰国)、锡兰(今斯里兰卡)、苏门答腊(今印尼岛屿)、满刺加(今马来西亚马六甲)等国家和地区,又把那里的珠宝、象牙、犀角、香料和药材运回国内,获利颇丰,人称"资巨万万"。

今天,人们将周庄急水港最宽阔的一段称白蚬湖。急水港,即东江故道,终日舟来楫往,船队宛如长龙。这条苏申外港线的重要航道,从不封冻淤塞,具有永不衰竭的运载力,运载成本比铁路和公路低得多,历来得到人们重视,乃至有"上海的莱茵河"之美誉。

娄江出苏州娄门,迤逦而东。它所流经的区域,人们分别称为苏州塘、昆山塘、太仓塘。入海口刘家港,即是郑和下西洋的起锚之地。从永乐三年(1405)到宣德八年(1433),郑和率领由二百四十多艘海船、二万七千四百名船员组成的船队,先后到达爪哇、苏门答腊、苏禄、彭亨、真腊、古里、暹罗、阿丹、天方、左法尔、忽鲁谟斯、木骨都束等三十多个国家和地区,最远曾达非洲东岸、红海、麦加。下西洋这个政治性的海外贸易活动,曾极大地刺激了娄江沿岸的手工业、农业和商业经济的发展。

全长一百二十五公里的吴淞江,联结苏州、上海两大城市

（昆山境内的吴淞江中游，长达三十多公里）。进入上海市区的一段称"苏州河"，为上海在近代世界城市之林中迅速崛起，作出了超乎想象的贡献。吴淞江沿岸的经济和文化发展，原本是由西向东推进的。上海开埠后，都市化进程却从东端肇始，一路向西延伸开去。

太湖流域，不仅是地理概念，更是一个文化标识。自古以来涌现出大量状元、进士、学者，孕育出星罗棋布的村镇。而作为太湖流域核心的苏州，被史学家普遍认为是中国城市资本主义最早的萌发地。

三

水利万物。太湖流域古往今来的繁盛，是水的孕育，水的奉献。治水是太湖流域古往今来最为重要的使命。这里，我们不妨撇开水对于稻作、民俗、语言、性格等的影响，只谈治水。

唐宋以后，由于长江三角洲的下沉及泥沙在河口地带堆积，原本宣泄太湖水入海的三江，因为海潮倒灌，"向之欲东导于海者反西流，欲北导于江者反南下"（《吴郡志》卷十九）。东江、娄江相继淤塞，吴淞江日趋狭窄。不仅太湖水体面积扩大，周围也陆续形成了大小湖泊。澄湖（旧作陈湖）相传为唐天宝六年（747）地震下陷而成，阳澄湖与娄江的湮塞有关，淀山湖（薛淀湖）则被认为是古东江湮没后形成的（《青浦县志》卷四）。

位于苏沪交界处的淀山湖,东西十八里,南北二十六里,周围八十里。水域面积相当于11个杭州西湖。湖边散布着周庄、锦溪、千灯、淀山湖、金泽(商榻)、练塘、朱家角等古镇、名镇。悠远的历史文化积淀自不待言。

三江及其支流与淀山湖从来就有密切关系。淀山湖承接西北向的水流,形成水氇。明代初年,湖水尚可以与北面的吴淞江汇合,泄入东海。随着吴淞江年久淤塞,只能经由泖河(古代谷水的一部分),从东南向的黄浦江入海。除了这条主要通道,还有无数荡、漾、港、浦,将储存过量的湖水宣泄。一处水利失修,便可能导致淤塞,酿成灾害。清末抄本《淀湖小志》(诸福坤纂,陈庆林补修)记述了一句通俗而精辟的话:"吴中水利,一驶字可概。"船只能否畅行,当是水利得失的重要标志。

水利是农耕的命脉,任何具有社会责任感的学者都高度重视。顾炎武在《天下郡国利病书》中选载了江南历代水利,包括北宋郏亶《上苏州水利书》,南宋范成大《水利图序》,明代郑若曾《太湖图论》以及归有光《与邑令论三区赋役水利书》等著作。

据北宋郏亶《水利书》记载,自古江南就有"治吴淞即治淀湖"的说法。春申君治吴淞江,通流入海,形成沪渎,致吴淞潺湲,此为吴淞水利最早的记载。吴越时,专门设立"撩清军",有七八千人之多,负责治河筑堤,一路从急水港下淀山湖入海,被称为"治湖先声"。

北宋神宗熙宁年间,郏亶上书建议加强太湖流域的水利设施,批评前人治水的失误,提出了六种合理有益的治水主张,以后又提出"治田利害"的七条建议。他的整治方法,如治田与排涝并举,开挖塘浦与修筑圩岸并举等观点,为正在力主变法的王安石所赞同。郏亶逝世后,儿子郏侨整理父亲的论说,继续治水兴利。

北宋至和二年(1055),昆山县主簿邱与权向吴郡太守陈述了疏浚娄江流经昆山一段河塘的理由。且自立"军令状",说如果河塘修筑不成,请以身塞责,接受一切处罚。在知县钱纪的支持下,吏民同心协力,开始修造河塘。最大的困难是"泽国无处求土"。有人献计,在水中用竹和苇编的粗席为墙,栽两行,相隔三寻,离墙六丈,又为一墙。滗水中淤泥,填实竹、苇编粗席墙中。墙间六丈,皆留半以为堤脚。掘其半为渠,取土以为堤。每隔一段建一座桥,以通南北之水。同时,还浚治了沿线的塘、浦、渚、泾。从此不仅农田积潦有了出路,还可上承鲇鱼口等来水,通过至和塘排入大海,代替已经淤塞的古娄江,大大改善了水陆交通。

范成大被誉为南宋四大诗人之一。他少年时生活在昆山,昆山荐严寺(今集街)的石湖书院,就是他读书的地方,有十年不出之说。范成大看到前辈赵霖修凿吴淞江,排除积潦,三十年来,附近地区从无灾害,这引起了他对于水利的关注。他特别强调疏导水流,认为这样虽然用工不多,但是可以立见成效。他还提出：昆山城附近的田地，可以广种茭白，对于削弱水势，颇有奇效。当大水来临时，水流往往会冲决堤岸，然而外面只要有茭白围护，就不会遭受太大的损失。

散文家归有光的《水利论》，是一篇讨论如何防治吴中水患的文章，着眼点在于治水，在于通过治水而得到水之利。他说："故治松江，则吴中必无白水之患；而从其旁钩引以溉田，无不治之田矣。然治松江必令阔深，水势洪壮与扬子江埒，而后可以言复禹之迹也。"在安亭世美堂讲学期间，他认真考察三江旧址，写了多篇文章，强调疏浚吴淞江的必要。这些主张，后来为应天巡抚海瑞所采纳，在治理吴中水患时发挥了作用。

明永乐初年，户部尚书夏原吉奉命治理苏松水患，提出改浚夏驾浦和顾浦，导吴淞江水改经浏河出长江的主张，并成功地实施"掣淞入浏"的方略。当时疏浚了范家浜，上接黄浦，以泄淀山湖与泖河之水。由于上游来水丰沛，黄浦江被冲宽冲深，不仅泄水顺畅，也足以在开埠后供外洋轮船停泊。这为上海成为中国最大的对外贸易和工商业城市奠定了基础。黄浦江与吴淞江（苏州河）相交的格局，促使上海形成更完善的内河网络，连接更广阔的腹地——苏、锡、常、杭、嘉、湖这片中国最富庶的地区。

在夏原吉之后，又有许多人致力于淀山湖水利。到了清代，吴淞、浏河也屡屡开濬，使三江古老的生命得以维系。

然而,只有在国力强盛、科技进步的今天,我们才能大兴水利,根治水患,令三江浩浩荡荡,一水而东。三江穿越的太湖流域,堪称天堂明珠,在进入现代化的今天,更加焕发璀璨夺目的光芒。

砚边谭

法帖上的米芾

我藏有一套《宝晋斋法帖》，高仿精制，楠木盒装，古意盎然。两年前，上海人民出版社将上海图书馆所藏海内孤本影印时，限量仅三百套。闲暇时打开箱匣，仔细赏读，揣摩前人的笔法、意趣、情感，领略书法艺术的神韵，感受保存、流传名帖的艰辛，总有诸多收获。

宝晋斋，是宋代大书法家米芾的斋号。公元1101年，也就是北宋徽宗赵佶即位后使用"建中靖国"年号的这一年，米芾终于有机会得到宰相蔡京所藏的东晋王羲之《王略帖》、王献之《十二月帖》，以及谢安《八月五日帖》的墨迹。企盼已久的宝物收入囊中，他自然是无比欣喜，立即将书房命名为"宝晋斋"。不久，当米芾担任无为（今安徽省无为县）军使时，便将这三帖墨迹摹刻上石。谁知，由于遭受兵火，石刻残损不全。后来，南宋葛祐之根据拓本重新刻石。咸淳五年（1269），无为通判曹之格再次摹刻，并且增加了家藏的晋帖及米芾帖多种，集为十卷，题为《宝晋斋法帖》。现在收藏于上海图书馆的十卷本《宝晋斋法帖》，是当前公认的宋拓全本，曾为元赵孟頫、明顾从义和吴廷收藏，有冯梦祯、吴时宰、许志古以及清代王澍的题识。

《宝晋斋法帖》之所以无比珍贵，不仅在于有《王略帖》《十二月帖》和《八月五日帖》，还有《快雪时晴帖》《十七帖》(王羲之草书代表作)《乐毅论》《黄庭经》(王羲之楷书代表作)《得示帖》《羲之临钟繇帖》《褚遂良临本兰亭序》等传世名帖。许多古刻在宋代时便已散佚，"法帖"中的绝大多数名帖是目前所知最早的刻本，文化价值之高，自不待言。例如，被乾隆皇帝称为"三希帖"之一的王献之《中秋帖》，实际上是《宝晋斋法帖》中《十二月割帖》的不完全临本，原帖在"中秋"之前，还有"十二月割至不"六字。据专家鉴定，大多认为是米芾当年所临。

读"法帖"第十卷，可以看到米芾所书的《鹧鸪天词》《观潮涮江亭诗》《长寿庵咏梅诗》《祝寿纪庆诗》和《芾老矣帖》。尤其是他的《绍圣二年八月十八日观潮于涮江亭书》，无论是豪迈的诗句还是充溢于笔墨间的神采，都令人难忘。"怒气号声迸海门，州人传是子胥魂。天排云阵千雷震，地拥银山万马奔。势与月轮齐朔望，信如壶漏报晨昏。吴亡越霸成何事，一唱渔歌过远邮"。法帖上的米芾，浑身裹挟浪漫气息，一路呼啸着，挥洒着，就这么活生生地出现在我的面前。他是书法家，也是诗人。他面对的是钱江潮涌的千雷震、万马奔的气势，却由此联想到千年以前吴越纷争的历史，油然而生往事成空、不如归去的慨叹之情。书法的笔触，于奔放中有隽永、酣畅里含凝重，显然是与诗意血肉相连、气息相通的。相比而言，《芾老矣帖》中的米芾，便是遵从法度而温文尔雅、谦卑矫饰了。尽管字里行间仍可以看出他的真率和狂傲。

米芾曾经写过一首长诗《智衲草书》,诗曰:"人爱老张书已颠,我知醉素心通天。笔峰卷起三峡水,墨色染偏万壑泉。兴来飒飒吼风雨,落纸往往翻云烟。怒蛟狂虺忽惊走,满手墨电争回旋。人间一日醉梦觉,物外万态涵无边。使人壮观不知已,脱身直恐凌飞仙。弃笔为山侻无苦,洗墨成池何足数。由来精绝自凝神,不在公孙浑脱舞。"他用奔腾的江水来形容怀素书法的飞动之势,用风雨吼、云烟翻来形容挥毫书写时的兴致勃发,落笔的轻盈灵动、生动传神。其实,在今天的我们看来,这恰恰也是他的夫子自道。米芾自称"米颠",自视颇高。但一生遭受不少挫折,身居弱势。所以他常常故作颠状,借助于书法,发泄内心自卑与狂妄的纠结。《宝晋斋法帖》上的米芾,难道不正是如此?

不善书法

散文家归有光三十五岁时，一举考中应天乡试第二名，主考官非常欣赏他的文章，认为是"贾（谊）董（仲舒）再生"，一时名重天下。然而，中举以后，每三年一次北上应礼部试，却一次次"下第南还"，直到将近花甲之年，他依然没有考上进士。嘉靖四十四年（1565）这一次，考官余有丁在阅卷时发现了一份"古色黯淡"的考卷，立即引起注意。他判定这样的文章只有归有光才写得出来，郑重地推荐给主考官高拱。高拱果然十分欣赏。

当时，余有丁与翰林学士都认为，归有光是这一科进士中的第一人，没有谁能有这样的功力。但发榜时归有光竟列为三甲进士，让天下的读书人为之失望。据说是有人"故乱其卷"，也有人说是书法欠佳，然而查无实据。

读清人爱新觉罗·昭梿《啸亭杂录》卷十，见有"书法"一则。他说："余素不善书，人争哂之，深以为耻。然明王凤洲尚书素不善书，尝自云：'吾目有神，吾腕有鬼。'近时纪晓岚尚书、袁简斋太史皆以不善书著名。按《晋史》，武帝疑太子不慧，召东宫官领而以尚书疑事命其判决。贾氏乃命张泓代对，而太子手书以呈，武帝称善。按惠帝愚暗，世所罕见，乃能手书决辞以对，笔画端楷可知。然则善书亦何足贵也。"

他引用了《晋史》中晋武帝以书法测试太子是否白痴("不慧")的故事说，某日晋武帝让人给太子送去一件公文，让他作出批示。结果由张泓代替太子作了批示，再由太子手书，呈送给晋武帝。晋武帝看了以后觉得不错，就此打消了废除这位傻瓜太子的念头。从这个故事不难看出，有一手好的书法对于人生命运是何其重要。

然而，爱新觉罗·昭梿的这则文字，重点却在不善书法。

爱新觉罗·昭梿，自号汲修散秩主人，满洲正红旗人，清朝第三位礼亲王，清太祖努尔哈赤七世孙。他工于诗文，熟悉历史掌故，精通满洲民俗和清朝典章制度，与魏源、法式善、姚鼐、龚自珍等士人关系密切。喜爱藏书，藏书处名曰"啸亭"。著有《啸亭杂录》十五卷、《礼府志》《啸亭续录》等。他称自己不擅长于书法，难免被人嗤笑。但他发现，人们熟知的名人如王世贞，一向不善书法。朋友圈里的纪晓岚、袁枚等人的书法，也拿不出手。

王世贞，字元美，号凤洲，又号弇州山人，南直隶苏州府太仓州（今江苏太仓市）人，明代文学家、史学家。当时，他与李攀龙、徐中行、梁有誉、宗臣、谢榛、吴国伦，被合称为"后七子"。李攀龙逝世以后，王世贞独领明代文坛二十年，著有《弇州山人四部稿》《弇山堂别集》《艺苑卮言》《觚不觚录》等。

王世贞与众多的书画家有很深的交游。从书法看，他对篆书、隶书推崇文征明和其弟子的造诣，对前代书家却有所鄙薄。

在当时的文坛,他的书法艺术似乎被其文学影响力掩盖了。明人詹景凤评价:"元美(王世贞)虽不以字名,顾吴中诸书家,唯元美一人知法古人。"这意味着,王世贞不善书,对书画理论却深有研究,是卓有建树的评论家。他的著作《王氏书苑》《画苑》《弇州山人题跋》《弇州墨刻跋》《三吴楷法跋》就是明证。他在《弇州山人四部稿》的《淳化阁帖十跋》一文中说:"书法至魏晋极矣,纵复赝品、临摹者,三四刻石,犹足压倒余子。诗一涉建安、文一涉西京,便是无尘世风,吾于书亦云。"在为黄庭坚《浣花溪图引卷》写跋文时说:"《杜老浣花溪图引》也。歌词力欲求奇,然是公最合作语。书笔横逸疏荡,比素师饶姿态,亦稍平易可识。而结法之密、腕力之劲、波险神奇,似小不及也。"跋文中的"素师"是指唐代著名书家怀素,王世贞对黄庭坚与怀素书法的特点,掌握得非常准确。难怪时人认为:"世贞书学虽非当家,而议论翩翩,笔法古雅。"

明代以来,僵化平庸的馆阁体,以诗论道的道学体,模拟抄袭前人的拟古派先后充斥于诗坛,造成了一股萎靡风气,其共同缺点就是虚假抄袭、缺乏真情实感。王世贞大胆地提出了"真情说"。他的理论犹如一脉清流,冲击着虚假的文风和不愿师法古人的书风。

众所周知,纪晓岚是一位政治家、文学家、诗人。对于他的书法,舆论却褒贬不一。有人认为他追随当时流行的赵孟頫、董其昌书风,用笔流丽,结构秀美,也有人批评他的书法看起来漂亮，但是缺乏个性特色，取法方向始终是康熙、乾隆年间流行的赵孟𫖯和董其昌书风，虽然雍容典雅，却与其他书法家没有本质的区别，拉不开距离。

相比而言，他的老师刘墉则略胜一筹。刘墉学习时风，但不拘泥于时风，更愿意追求古风，对于钟繇、王羲之、颜真卿、苏东坡等人的艺术都有所涉猎，并注意融会贯通，形成自己用笔厚重、体态丰腴的面貌。所以，刘墉与成亲王、翁方纲、铁保并称为"清代书法四大家"。

袁枚，诗人、散文家、文学批评家、美食家。乾隆四年（1739）进士，授翰林院庶吉士。乾隆七年（1742）外调做官，曾任江宁、上元等地知县。三十三岁父亲亡故，辞官养母，在江宁（今南京）购置隋氏废园，改名随园，筑室定居，著述以终老，世称随园先生。著有《小仓山房集》《随园诗话》及《补遗》《子不语》《续子不语》等传世。

耐人寻味的是，袁枚作为乾隆、嘉庆时期的代表诗人之一，倡导"性灵说"，主张写诗要写出个性，"入我眼中都好诗"。这样的见解，主观甚至带点武断，但显然有一代宗师的手笔。然而，袁枚的书法看起来书写得十分认真，中规中矩的馆阁体，典型的文人书法，却看不见诗人的个性，难怪爱新觉罗·昭梿要说他"以不善书著名"。

在千百年间形成的科举试卷和官场公文写作中，书法具有无法摇移的地位——假如不是馆阁体，很难入得主考官的法眼。

没有一手好字，也难以取得进身之阶。但我们从王世贞、纪晓岚、袁枚的"不善书"可以看出，尽管书法为世人所重，他们仍不将书法作为人生的终极目标，仅仅是作为一种文化工具。不愿削足适履，不屑随波逐流。比如龚自珍，干脆让女儿、媳妇、小妾、婢女都每天临池，专练馆阁体。若有人说翰林如何了不起，他便嗤之以鼻："如今的翰林还值得一提吗？我家的女流之辈，没有一人不可入翰林。不凭别的，单凭那手馆阁体的毛笔字，就绝对够格！"

或许正是如此，他们才有可能成为政治家、文学家、戏曲家、批评家。

书法艺术，是中华优秀传统文化的一个重要门类。今天，越来越多的年轻人崇尚书法，研习书法，以成为书法家而自豪，这无疑是好事情。然而，我们也不能不看到，书法界的急功近利之风，正呈现不可遏抑之势。一些人为了快速进入国展展台，参加书法大赛拿到奖项，不研学古帖，直接模仿当代书法名家或者评委的作品；不刻苦磨炼，只想抄近路、走捷径一步登天。怪书、丑书、非书各显神通。许多书法家只会抄写唐诗宋词和历代散文名篇，且不说没有属于自己的文字，哪怕抄写古人的文字，也往往生吞活剥，一知半解，遑论形神兼备地表达思想情感。

从这个角度看，倒还不如"不善书法"。

二德难兼　旨在兼得

书法，原本是指"书之法"，也就是书写的方法。后来渐渐引申成毛笔书写的作品。既然如此，那么"书之法"必然会蕴含书法家的思想与哲理，显现其情感和性格。

明代哲学家李贽的《枕中十书》里有《精骑录》一卷，用今天的话来说，即语录体随笔。他说："许多见识何处得来，必自多读书始。人能多读书，则胸襟自宽，胆量自大，见识自静，开口自与人不同。真可以当百万精骑也。"他认为，一个人应该有自己的政治见解和思想，不应盲目地随人俯仰。主张每一个人都应"自为是非"，而成为精骑。《精骑录》里的不少文字，形象地体现了他的观点。其中也有谈及书法，耐人咀嚼：

东坡云，砚之美者必费笔，不费笔则退墨。二德难兼，非独砚也。大字难结密，小字常局促。真书患不敕，草书患无法。茶苦患不美，酒美患不辣。万事无不然可以付之一笑也……鲁直以真直心出游戏书，以平等观作欹侧字，以磊落人录细碎书，亦三反也。又与毛国书云，岁行尽矣，风雨凄凉，然纸窗竹屋，灯火青荧时，于此有少佳趣。

这一段文字,乍一看是他借苏轼(东坡)与黄庭坚(鲁直)两位大家的话语,随心所欲地谈砚墨结字,谈书家艺术风格,谈茶酒物理,谈人生境遇与心态,实际上李贽说的是书法艺术的辩证之法。做人、待事、从艺,并非表象显现得那样平易,很多时候恰恰要从反面来颖悟内涵。其所谓"二德难兼",正是指书法艺术规律的制约与突破。李贽于是感慨曰:"万事无不然可以付之一笑也!"

苏轼的《寒食帖》,曾被元代书法大家鲜于枢称为"天下行书第三",彪炳史册。孰料,他常常生活在逆境中。元丰六年(1083),抵达黄州的第三个寒食节,他在凄风苦雨、病痛交加中,写下了《寒食帖》。今天我们从这件书法名作里,似乎依然能感受苏轼居住的那间小屋,"小屋如渔舟,濛濛水云里"。风雨飘摇里的小屋,犹如一叶孤舟,在苍茫水云间无助地漂流,恰恰象征着苏轼的人生,随时都有倾覆的可能。身处波诡云谲的官场,苏轼一再从失败走向失败,从贬谪走向贬谪,仿佛没有创作艺术精品的心境。然而,就在如此凄风苦雨的寒食节,他把自己的委屈、愤懑、呐喊、彷徨,全都倾注于笔端,写出《寒食帖》,使之成为不可多得之作。命途困顿、天气晦暗,铺开宣纸岂止是"二德难兼"?他却将一切置之度外,以"天真烂漫是吾师"的心态,不计工拙,不管世人的好恶褒贬,只是自如挥洒。谁知,恰恰是这样的平淡无求,"出新意于法度之中,寄妙理于豪放之外,"一生中最重要的书法作品悄然诞生了。

黄庭坚的书法,用他自己的话说:"余学草书三十余年,初以周越为师,故二十年抖擞俗气不脱。晚得苏才翁、子美书观之,乃得古人笔意。其后又得张长史、僧怀素、高闲墨迹,乃窥笔法之妙。"从他的代表作,有"天下第九行书"之誉的《松风阁诗帖》不难看出,结体、用笔、章法都十分奇特。结体的两个特点,一是欹侧多姿,力求险绝。如风枝雨叶,偃蹇横斜;又如谢家子弟,不冠不履。二是内紧外放,结构端紧不拘,运笔劲逸不纵。字的结构中宫紧密,四撇捺面开张,左荡右决,痛快淋漓。这样的风格是入古出新观念的体现。很少有人想到,黄庭坚一生奔走于仕途,"出没风波里"。在颠沛流离的几十年间,陪伴他的,只有几册诗书,一支秃笔。然而,人生聚散,官场沉浮,他"未尝一事横于胸中",不以己悲,不以物喜,坦坦荡荡、轻轻松松地活着,做一个最好的自己。恰如李贽所说,"以真直心出游戏书,以平等观作欹侧字,以磊落人录细碎书",充满了艺术的辩证法。看似二德难兼,他已兼得。

李贽曾由科举入仕,当了十几年官。后来却辞职回家,宁愿醉心学问,埋头著述。《精骑录》中谈及人生态度的有这样一则:"陆士衡云,来日苦短,去日苦长。傅休弈云,志士惜日短,愁人知夜长。张季鹰云,荣与壮俱去,贱与老相寻。曹颜远云,富贵他人合,贫贱亲戚离。语若卑浅,而亦实境所就。故不忍多读。"陆机、傅玄、张翰、曹摅等人,尽管都生活在西晋时期,然而终究境遇不同。所以,关于光阴,关于荣辱,关于贵贱,关于人情等等,彼此有不同的感受,他们也就有不同的表达。李贽的"不忍多读",显然是指读了以后会触及内心隐痛。

与此同时,他又谈及对待功名进取的态度:"秃翁曰,友人聚坐,有谈及功名之际,羡虱登而恨淹滞者。予曰,彼所谓糠秕在前耳。友人应曰,予辈非所谓瓦砾在后耶。予曰,糠秕在前,不过为轻薄子;瓦砾在后,不过为厚重土。况瓦砾不朽,糠秕立败。吾宁为瓦砾,毋愿为糠秕也。一坐鼓掌。"读书人聚集在一起,难免关心自己的功名前途。可惜总是有人虱登,有人淹滞。而且往往是糠秕在前,瓦砾在后,这很是令人丧气。李贽向朋友们说了上面这一番话。他认为,糠秕是轻薄子,瓦砾是厚重土。我宁可做不朽的瓦砾,也不愿意成为很快就衰败的糠秕。如此鲜明的人生态度,顿时引起满座掌声。

由此,我们可以联想起今天书法界存在的种种。自古以来,被人们捧为圭臬的碑石铭文,几乎都是出于公共目的而书写的。无论是记录王朝功业的《石门颂》、记录重要事件的《礼器碑》、记载祭祀典礼的《华山庙碑》,还是记载经文的《熹平石经》等等,无一不是浑圆、饱满、均衡,令人容易看懂,并由此感受文字内容的庄重与权威。这意味着书法艺术在本质上是一种公器,具有不可忽视的社会文化属性。它首先是为大众服务、由大众接受的。一旦因为铜臭侵染而变味,任随某些人宣泄情绪、卖弄技艺、沽名钓誉,允许丑书、怪书、异书乔装打扮,招摇过市,即是李贽当年所说的糠秕在前,瓦砾在后,终究是中国书法界的悲哀。

这样的说法,或许有些苛刻,会触动某些人的神经。然而,维护优秀传统文化的纯洁性,让书法回归其本质,每一个书法家乃至每一个与书法有关的人都责无旁贷。难道不是吗?

"松本无声,风入涛生。铜本非镜,镜成明出。无情,有情之待也。无声者,有声之待也。不明待明,明则不明,声则无声,情即无情。故曰,有待无待者,皆无自体,唯是心建。故达心无我者,虽取吉凶之域,不可得而惑也"。风入松生涛,铜成镜有明,任何事物的形成皆有各自的缘由,且在不断转换之中。在这番话中,李贽所强调的是自我把持,有足够的定力。哪怕是身处"吉凶之域",也不会轻易被迷惑。

他未必是在讲书法家的操守,但对书法家具有非凡的意义。二德难兼,旨在兼得。

机器牛书法的启示

辛丑春节前后,关于书法的几个话题,在文化圈引发热议,也引起社会各界的关注。一是中国书法家协会换届,推举出了新的当家人,如何坚持正道,摒弃丑书怪书,愈加令人企盼;二是人民文学出版社的新年礼盒《五福迎春·人文年礼2021》,闹了乌龙,因"福"得"祸",不得不向读者致歉;三是春节联欢晚会上,机器牛大显神通,载歌载舞中挥笔将一个福字写得形神兼备。

这天,我与几位书法家在一起饮茶聊天,大家对机器牛赞不绝口。有人便说,往后书法家难混啦。你看,人工智能如今干什么都很厉害,事先输入了软件编程,不管是王羲之、王献之、赵孟頫、米芾,还是欧阳询、柳公权,只要点点鼠标,机器手臂便笔走龙蛇,挥洒自如,与名家真迹高度吻合,丝毫也不走样。有人回应道,是的,不管是哪个书法大家,都有自己的艺术特性。只要分析研究,掌握其规律,开发出一款高仿软件是比较容易的。有人表示赞同说,书法家难免会写错别字,或者因为情绪不佳,作品失去水准,机器手臂肯定不至于如此。

我说,我不是书法家,可是对于这门中华民族独创的艺术,无法不认真关注。书法不仅与中国绘画同源,相辅相成,也是中国哲学、东方文化与华夏民族精神气质的象征。假如机器手臂也熟练地掌握书法技巧了,那书法还能称为一门艺术吗?

这里恐怕有必要追溯一下书法艺术的本源。书法以汉字为表现载体。离开了汉字书写,书法根本没理由存在。书法以处理笔画对空间分割的形式为表现形式。汉字的结构和整体形象,转换为书法艺术的形式美。尤其重要的一条,书法的内涵是书写者情感、品性所依。内涵决定着形式,而绝不是相反。

今天,生活在网络时代的书法家们,早已远离诗词曲牌,经赋雅颂,更不知前人是先有文稿,后有书写。文稿为本,书写为表。诡谲的是许多人从来不拥有自己独创的文字,却戴着书法家的桂冠,作品还频频得奖。而一些人在厌倦了抄写古典诗词后,干脆逆传统而行,从西方现代抽象艺术中寻找灵感,托古涂鸦或以字代画,甚至干脆丢弃汉字,用一大堆线条来构筑空间,宣泄情感,称之为现代书法。

在中国传统文化中,历来有"文为书魂"的说法。诗词是内容,书写是形式。文作灵魂,书为形体。历史常识告诉我们,许多被人奉若圭臬的法书,比如西晋陆机《平复帖》,不过是问候友人彦先病情的一通信札,居然获得"墨皇"之冠。《兰亭集序》仅仅是兰亭"修禊"时,王羲之为朋友们的诗所写的序文手稿,记叙了山水之美和聚会的欢乐之情,竟赢得至高无上的地位。欧阳询《梦奠帖》一共九行七十八字,记述了一段史事,被尊称为大师经典,历代归内府皮藏,无比珍贵。原来,当书法成为独立艺术之前,只是一种读书人必须掌握的工具,乃至走方郎中、典当朝奉都会有一手好字。然而,只有渗入了情感、心智、意韵、法则后,才超越于书写而成为艺术。

人工智能固然具有极高的科技含量,却无法拥有人的思想、情感、嗜好,以及千姿百态的变化。从这个角度看,机器手臂或许能掌握书法,却不可能成为书法家。倒是某些头戴书法家桂冠的人们,一味追求表现形式的丰富多样,却忽略文化内涵;偏重于笔墨效果,却淡化抒情达意的本质。他们恰恰成了失去灵魂的"机器手臂"。

我这样说,不少书法家会表示不赞成。可是,机器牛书法的出现,难道不敲响了一记警钟?

书法三昧与程君房墨

冯时可,华亭(今属上海市松江区)人,先后在广东、云南、贵州等地当官。明万历十一年(1583),他从贵州提学副使任上告病返乡,安家于苏州,在苏州闲居八年,后重返官场。不多几年,又一次致仕来到了苏州。在这个孕育了沈周、文征明、唐伯虎的古城城北,冯时可建起了自己的家园,四周栽种大量梅花。因为酷爱读书,两年以后修建起一座藏书馆,取名"延清阁"。

冯时可的一生写下了大量著作。收录在《四库禁毁书丛刊补编》中的《冯元成选集》,足有八十三卷。除了赋、乐府、序、记,还有许多律诗、俳句。其中有两则文字,谈及书法与制墨的故事,今天读来,依然给人以诸多启迪。

有一位赵生,喜爱书法,雅工临池之技。他从上海去往京师达十年,为诸公所推崇,享誉缙绅间。后来因倦游而来到了苏州,在书画艺术积淀深厚的古城,潜心钻研,技艺愈加长进。赵生临集古今书法,曲尽其点画形势之妙,取名"三昧",悬挂在自己的书斋里,邀请也是居住于苏州的同乡人冯时可为之作序。

冯时可认为,"三昧"原本是一个佛学称谓,指正定。他说:"一而二而三,以至于昧,自有法而归无法也,正定法也,昧则忘其为正定也。书法亦然。"与佛学一样,书法也十分讲究正定,即心神平静,杂念止息。从有法进入无法,就是正定。昧,则是完全忘却了那是正定。所谓正,指心正、笔正。所谓定,指意在笔先,字居心后。由正定而臻于书法的妙境,是手与笔、笔与心既互相依傍,又互相忘却。书法家进入了这样的境地,就能写出令人感到神异的佳作来。

冯时可在为赵生所作的序中,讲了一段充满艺术哲理的话语:"唯无法则失法,有法则泥法。有法而无法,则为妙要。妙入,则法可,不法亦可。鱼筌兔网,得则舍之也。"在他看来,书法自然是有一定法则的。但犹如捕鱼的竹编渔具、逮兔的网兜,不过是工具而已,得到鱼和兔子后,工具就能舍去了。很多人在学书时,没有法就失去法,讲求法就拘泥于法。而一旦进入书法的妙境,遵从法则可以,不遵从法则也可以。

"伸纸捉笔,点点画画之际,恶得无法。及其意逞情遗,手笔两忘,如崩云之委地,如游雾之萦空,恶得必法于法。不观世尊有法,身有化身,魔而行魔,出世而顺世,恶乎法,恶乎无法。知此,则知书也"。冯时可自己也擅长书法,且勤于思索。他以佛学世界作比喻,说得十分形象。"身有化身,魔而行魔,出世而顺世",你说这是有法,还是无法呢?刚刚铺开宣纸,自然要考虑怎样得法。而当书法家进入了手笔两忘的佳境,率性挥洒意态情致,笔墨如崩云委地,游雾萦空,究竟是有法还是无法,其实再也不重要了。

赵生对此深以为意，连连感慨道："有欲观窍，无欲观妙。妙者，老氏之三昧也。"

程君房，是明代徽州众多制墨家之翘楚。他自幼好制墨，精研各种配方，油烟、漆烟调试得当，再加入各种药物、香料等，所制墨锭十分精良，曾作为贡品进献朝廷，受到皇帝的嘉奖。他自诩："我墨百年，可比黄金。"然而冯时可一开始并没有很看重。程君房带了宝墨前往苏州拜访，一次他恰巧去了松江，彼此见了面，程君房请他赏墨于词——为宝墨写赞美的文字，他只是说，读书人用墨，就像是农民用农具。程君房怏然离去。几个月后，程君房又来苏州催促文字，他无以应对。见他因患有肺病，脸色枯黯，程君房说，你就慢慢写吧，我不敢催先生太急。

冯时可明白，自己没有写出一个字来，不是辜负了程君房，而是辜负了他的宝墨。于是取出程君房的墨，看了又看，笑道：这不过是一块墨，何苦如此认真，非要让人给他写些文字赞美。桃李不言，下自成蹊。"卞以双足贵玉，韩以一吻售药"，这跟文字好不好又有什么关系呢？

一直喜爱宝墨的朋友张玄宿听说了这件事，对他说，先生你可不要看轻了墨。墨是太素之胤，文章之母。以玄为门，以墨为守。似晦而明，似动而静。有话说，人磨墨，墨也磨人，就看墨交托在谁的手里。"托于不文，则如春云之翳空而终委，如春蚕之作茧而竟乌有。托于文，则如云散为雨而膏润，万彙如茧抽为丝而衣被九州，功无穷而德不朽？子何不以一言寿墨且以自寿？"

张玄宿认为，冯时可不愿意给程君房墨写文章，是不应该的。墨是世上最原始物质的后裔，是文章之母。人磨墨，墨也磨人，这句话对于写文章的人尤其重要。

冯时可仔细琢磨他的话，又再三挥笔试墨，终于真切地感悟到了程君房宝墨的妙处，觉得确是"横绝四海，前无古人"。

随后，他对程君房制墨的历史与工艺进行了深入研究。程君房与墨的不解之缘，大致可分为三个阶段：幼年嗜墨，中年专攻，晚年益癖。古人为墨，主松隶油而已。程君房却认为这并没有尽墨之道。于是以桐易松，以漆易油，反复探究，严格掌控其用量与火候。这样做了，他制作的宝墨就如星如珠，如五更碧天，微月颤彩。后来，程君房又得到了一份禁方，以紫草入桐液，以苏木染茜草，使茜益腻而液益彩。墨锭自然与众不同。

程君房认为，他居住的地方，虽然比不上曹操的漳河雀台，但桐烟妙制的宝墨，比曹氏石墨强了很多。他在祖祠之东特置一室，储墨百柜。一以待四方贤豪长者之求，二以遗后世传人。他亲自取名"宝墨斋"，并作《宝墨斋记》。这时，他的墨已经得到了一大批鉴赏名家的推崇，以致"公卿忘其贵，燕郢忘其遥"，竞相上门求购其墨。

对自己所制之墨，程君房显得十分自信。"一技之精，上掩千古；家之所藏，不减三台"。在他的眼里，李廷珪制的佳墨，还比不上自己的下品墨。盛世所宝，应当是他的墨，而不是那些黄金白银。如果程氏后代能够守住他的遗墨，不轻易散佚给别人，就不仅能得到皇家求购,也必定能大大地升值。然而,后代缺乏这份自信与狂热,便不可能长久地守护住这个宝库。

不久,冯时可特意为程君房写了一篇精彩的《宝墨记》。在他的眼里,程君房"畸于世,耦于墨,不以万物易,不以百艺先,始称墨癖,继成墨妖。而赏会之家无不争标帜","舐墨汁以当醍醐,嗅墨香以当旃檀,始遗形而忘世,终冥心而忘道,人我俱融,怨德并磨。君房君房,且入于寥天,一穷无穷而极无极,是所谓以墨寿人"。

这样的"墨妖",与深谙书法三昧的书法家,何其相似乃尔!

纪晓岚书画奇谭

纪晓岚的《阅微草堂笔记》，内容庞杂，有多则涉及书画，且与狐鬼神怪相关。仔细读来，饶有意趣。显然不是他所自谦的"追录旧闻，姑以消遣岁月"，而是很能发人深省。

其中之一，写乾隆三十二年（1767）春天，纪晓岚携全家来到京城。因为虎坊桥的旧宅没赎回，所以暂住在钱香树先生的一座空房里。听说空房楼上有狐狸，里面锁着杂物，一般人还不上去。他在墙上戏作了一首诗："草草移家偶遇君，一楼上下且平分。耽诗自是书生癖，彻夜吟哦厌莫闻。"一天，侍女上楼开锁拿东西，大喊出了怪事。他跑去，只见地板尘土上画满了荷花，亭亭玉立，极有功底。于是，他铺开文房四宝，又在墙上写了一首诗："仙人果是好楼居，文采风流我不如。新得吴笺三十幅，可能一一画芙蕖？"几天后开门查看，纸笔原封不动。他把此事告诉裘文达，裘文达笑道："钱香树家的狐狸，到底文雅些。"这是否纪晓岚真实经历，无法考证，但书画艺术的魅力，却可见一斑。

足以与之相映衬的，是这一则："程也园舍人居曹竹虚旧宅中。一夕，弗戒于火，书画古器多遭焚毁。中褚河南临《兰亭》一卷，乃五百金所质，方虑来赎时缪辀，忽于火烬中拣得。匣及袱并爇,而书卷无一字之损。表弟张桂岩馆也园家,亲见之。白香山所谓'在在处处有神物护持'者耶?抑成毁各有定数,此卷不在此火劫中耶?然事则奇矣,亦将来赏鉴家一佳话也。"

一场火灾,把书画古器焚烧殆尽,有一卷临摹的《兰亭序》,锦盒和包裹的绸布都损坏了,书轴却完好无损,实在令人称奇,成为鉴赏家的一段佳话。

李露园是景州(今河北景县)人,康熙五十三年(1714)中举,是纪晓岚内人的姐夫。他学识渊博,尤其擅长于诗。在候补升官那天,梦中作诗一联:"鸾翿嵇中散,峨眉屈左徒。"醒来后,自己也不知道这对联是什么含义。后来升任湖南县令,死在任所,这里恰是屈原行吟之地。

纪晓岚说,有歌童扇子上画鸡冠花,去筵席上求李露园题字。李露园戏笔写了一首绝句:"紫紫红红胜晚霞,临风亦自弄夭斜,枉教蝴蝶飞千遍,此种原来不是花。"看见的人,无不赞叹运意双关之巧。李露园赴任湖南后,有占卜者拿来鸡冠花图请题字,图上恰恰写着这首诗。这位占卜者抄袭了李露园的诗,被人一眼看破,只能狼狈逃去。真是让人忍俊不禁。

《阅微草堂笔记》不仅如此讽刺抄袭作伪者,也给某些读书人带来黑色幽默。他记述道:竹吟与朱青雷到长椿寺游玩,在卖画的地方,看见一副榜书写着:"梅子流酸溅齿牙,芭蕉分绿上窗纱。日长睡起无情思,闲看儿童捉柳花。"落款是"山谷道人"。两人正打算辨别这幅字的真伪,一个乞丐在旁边,斜着眼睛看,微笑道:"黄鲁直(黄庭坚号山谷道人)竟然写杨诚斋(杨万里号城斋)的诗,真是奇闻哪!"一甩手,径直走了。朱青雷十分惊讶:"他能说出这样的话,怎么落得讨饭呢?"竹吟叹息道:"能说出这样的话,又怎么不落得个讨饭呢!"

纪晓岚说,竹吟这是一时愤激,就是所谓的名士风气。聪明俊秀的读书人,有的恃才傲物,时间一长就悖谬荒唐,让人们不敢接近自己,势必落得讨饭的下场。有的读书人,有文采却缺品德,难免声名狼藉,让人们不屑于谈论,也势必落个讨饭的下场。怎么能再写诗赋感叹读书人怀才不遇呢!

有一位卖花的顾老太太,拿着一个旧磁器出售。这个旧瓷器好像笔洗,但是略微浅了一些,四周和底部都很光滑,像是哥窑又没有冰裂纹。中间平平的像砚台,只露出边缘的内坯,界线分明,没有参差不齐的地方,也不是破裂剥落的。纪晓岚不知道是什么器皿,觉得没用处,就还给她了。后来读了几种有关的书,才明白,唐代以前没有朱砚,校勘典籍文书,就在杯盏中研磨朱汁,要用大笔沾点朱汁时,朱汁贮放在钵子内。这种杯盏比较小,口是敞开的,以便捺笔;钵容量大,口是收敛的,以便贮存更多朱汁。顾老太太要出售的,原来就是朱盏,只是以前的鉴赏家还没有见过。纪晓岚马上把顾老太太叫来询问:"杯盏卖到什么地方去了?"她说:"原来是用三十钱买来的,卖的人说是水井中挖出来的。您说这东西没用,我就以二十钱的价格卖给杂货摊。已经将近一年,不知道流落到哪里去了。"

纪晓岚在记述这件事时,十分感慨。他说,世间常常有用高价买假货的,真正的古董,却往往被抛弃。我还不算不懂事物的人,还会失之交臂,那么,藏有宝物而不识货的人,还数得过来吗!

纪晓岚作为清代著名学者,书法上的造诣相当精深,被称为清代书坛一大家。收藏界流转纪晓岚的一副行书对联:"清閟云林倪迂画阁,英光宝晋米老书堂。"上联言元四家之倪云林,家有清閟画阁,下联写宋四家之米芾,著有《宝晋英光集》。书写流利圆融,雍容华贵,疏密得体,苍劲多姿,为不可多得之作。

冯梦祯与《江山雪霁图》

得到《江山雪霁图》，对于冯梦祯纯属偶然。一个葭莩之亲（意指平日疏远的亲戚）拿来了画卷，说是藏在漆布竹筒内，从高处坠落后破裂，才突然发现的。他开始并没有深信，出价也不高。但翻阅再三，不觉神往。随即闭户焚香，屏绝他事，反复品味这件佳作的细微妙处，终于相信这是罕见的王维佳作。"信摩诘精神与水墨相和，蒸成至宝！"

冯梦祯（1546—1603），字开之，浙江秀水（今嘉兴）人。明万历五年（1577）会试第一，选庶吉士，除编修。因反对张居正"夺情"而被免职，从此归隐于西湖孤山之麓，享受逍遥自在的文人生活，闲暇以游乐和文字消遣，著有《快雪堂日记》《六研斋笔记》等。关于收藏与鉴赏《江山雪霁图》的故事，在《快雪堂日记》多有记载。

如果说，冯梦祯原本只是普通的收藏家，《江山雪霁图》却使他一举成名。他在欣赏时的感觉是"真若蚕之吐丝，虫之蚀木。至如粉缕曲折，毫腻浅深，皆有意致"。饱阅无声之后，便是"出户见俗中纷纭，殊令人捉鼻也"。沉浸在艺术品给予的欢愉中，他超然物外，乃至走出门去，看见凡俗间的一切，只想掩鼻而过。

在闭门欣赏的同时,他也向每个来访的客人展示这件作品。《江山雪霁图》可是那个时代屈指可数的王维真迹。他既是为了让朋友分享,更是要获得圈内人的认同。万历二十三年(1595)二月十四日,他在日记中写道:"与客同披王维江山雪霁图卷。"七天后,"周书宗来,寓斋中,午后同观王维《雪霁图》"。一连几个月,他的书斋里,激赏之语不绝于耳。冯梦祯因《江山雪霁图》而声名大噪。这终于引起了当时最权威的鉴赏家董其昌的注意。董其昌亲自写信欲索观《江山雪霁图》。冯梦祯"得董玄宰书,借王维卷阅,亦高兴矣",读了董其昌的信,他的兴奋之情溢于言表。假如能得到董其昌的肯定和题跋,这幅《江山雪霁图》不仅能名传千古,更重要的是自己的鉴赏雅博之名也会随之远播,所以冯梦祯毫不迟疑地答应了。

万历二十三年(1595)十月之望,董其昌清斋三日,极为庄重地从京师前来拜观王维的《江山雪霁图》,并且写下了五百余字的著名长跋,认定这是王维传世的唯一真迹。董其昌果然肯定了这件存世的王维真笔,说以前所见的,包括大收藏家项元汴的《雪江图》,都不过是聊备一格的署名之作。他更没有忘了将冯梦祯的品鉴之力、爱物之心好好褒奖了一番。这篇跋文成为一篇光标中国绘画史的重要文献。

此后,有许多朋友慕名前来观赏《江山雪霁图》。同观佳作,几乎成了冯梦祯奉献给朋友的一场视觉艺术盛宴。

董其昌第二次看到这幅画,是在九年后,即冯梦祯"快雪堂"

落成的万历三十二年(1604)中秋节。董其昌住在杭州昭庆寺养病,写信给冯梦祯借医书,信中仍念念不忘昔日看过的《江山雪霁图》。五天后,冯梦祯不仅派人给他送去了王维《江山雪霁图》,还一并送去《瑞应图》和小米山水三幅。董其昌观赏后,十分高兴,又为之写下一大段题跋。对于冯梦祯,这实在是喜出望外。显然,一件上乘的佳作,足以令收藏家和鉴赏家,因艺术而陶醉,忘却俗世间的种种"规矩"。

董其昌不愧为明代山水画巨擘,不仅见多识广,更有过人的鉴赏水平。他品评过的字画,价值无疑会上升,何况还先后两次写下洋洋洒洒的跋文。冯梦祯和他收藏的《江山雪霁图》,被同乡好友沈德符在《万历野获编》中称为"名著东南"。一时有众多好事者前来邀请鉴定和索观佳作,忙得他不亦乐乎。

事实上,董其昌的知名度也相得益彰。

文士之间以翰墨往来,互通有无,鉴真驳伪,对于提高鉴藏家的审美水平,无疑是带来了有益的推动。

冯梦祯的头脑是清醒的。万历三十二年(1604),他在《快雪堂日记》中记述了内心的感想:"天下奇物无尽,愿与天下赏鉴好事之家供宝之,但得常常一见为快耳,何必为已有哉?"这番话说得很豁达,确实说出了收藏与鉴赏的真谛。

融入明清社会生活的书画

龚炜是一个生活在清代康熙、乾隆年间的文化人。由于科举失利，加上疾病缠身，他无从当官，便以笔墨为生。其代表作《巢林笔谈》以笔记体手法，记述日常所见所闻、所思所想，收集了大量明清之际江浙地区社会、文化、历史、经济等方面的文献资料。他说："常思遍游名山水，而阻于无事之忙，限于不足之力。今老矣，虚愿难酬矣！披览名人图画，恍若置身其中，亦可少补游屐所未至。"他赏名人书画，犹如游览名山大川。我们读《巢林笔谈》中与书画有关的篇章，也可以领略书画如何融入社会生活。

其中之一，写归庄门符。归元恭先生元旦书门符，左曰："福寿。"（注：南台御史大夫）右曰："平安。"（注：北平都督佥事）又题柱云："入其室，空空如也；问其人，嚣嚣然曰。"

归庄是散文家归有光的曾孙，明末清初文学家、书法家。年轻时他用一种漫不经心的游戏态度对待科举考试。有一次，居然拎了酒壶走进考场，一边喝酒，一边提笔书写考卷。"日未晡而成七义，分隶、篆、真、草书五经文字"。他才思敏捷，下笔千言，甚至在试卷上还潇洒地表现书法艺术，但这种与酒壶为伴的学生,主考官岂能青睐?

清军入侵后,家里清贫如洗,他满不在乎,元旦日干脆在门口书写了这样一副对联:"入其室,空空如也;问其人,嚣嚣然曰。"家里的茅草屋年久失修,每逢下雨便滴滴答答漏个不停,他懒得请人修。客堂内的椅子摇摇晃晃,他找几根绳子把它们扎扎紧,勉强使用,还专门写了条幅"结绳而治"挂起来。

又一年元旦,有钱的人家燃放爆竹,张灯结彩,觥筹交错,大吃大喝。归庄却自嘲似的在家门口换了一副新春联,上联是"一枪戳出穷鬼去",下联是"双钩搭进富神来"。看到这副春联的人,觉得他很有才华,书法也好,纷纷上门来请他写春联。不管求字的人是谁,都不拒绝,且不谈润笔。一边喝酒,一边饱蘸浓墨,挥毫疾书,博得阵阵喝彩,他的心里感到十分满足。

《巢林笔谈》还写了一位梅花主人:"主人性嗜梅,年四十,始得数亩之宅,周遭有池,池立丛条,主人树梅环之。每寒月曈曈,六花将笑,主人负暄花外,烹茗拈笔,品梅次第。倦则横笛吹落梅之词,回风旋舞,飞花作雪。其或香云既敛,瘦影横斜,辄歌小词,歌曰:'山迢迢兮溪曲,曲中有人兮结茅屋。玄鹤无声花渺茫,主人吹笛花断肠。'又歌曰:'溪曲曲兮山迢迢,中有人兮居衡茅。枕清瑟兮梦瑶台,明月印花溪上来。'沈启南先生为作《梅花主人图》,世称神到之笔,惜未及见。"喜欢梅花,并称为梅花主人,这并不稀奇。耐人寻味的是画家沈启南作了一幅《梅花主人图》,画得出神入化,让龚炜心向往之,偏偏又见不到,悬念就更多了。

王原祁,号麓台,清前期山水画大家,娄东派开山鼻祖,与王时敏、王鉴、王翚并称四王,影响极为深远。当时,很多人拜他为师,极意临摹,惟恐画得不像。他的族弟王昱,在所有门生中堪称高足,王原祁问他有什么想法,他回答道:"只怕画得太像。"王原祁不由拍案称赞:"这就对了!"

龚炜还记叙了书画墨砚与几个女子的交集,细细读来,更能感受明清市井社会的风尚。夏昶是明代永乐年间的太常卿,画竹高手,有"夏卿一个竹,西凉十锭金"之谣。一天夜里,他听见邻近有女子吹箫,十分动听,询问后才知道她不字贞守,于是画了一竿竹子送给她。女子得画,要求再画一幅,作为配偶。夏昶却把画索回,撕碎了。他说,本来以为她是神女,所以赠画。没想到这幅画触发了她的凡心,看来不能将画留下了。从此,那女子再也不吹箫了。还有一位姚夫人,婢女取名墨池。原因是姚夫人擅长于画竹,特别喜欢用淡墨作画,常让婢女把笔放进嘴里,使墨色消淡,所以称她"墨池"。人与人的尊卑之别,由此可见一斑。

沈周的故乡襟怀

苏州博物馆藏有明代画家沈周的代表作《岸波图》。画面上,翠竹环绕水岸,茅舍坐落林间,有一隐逸者冥坐于轩堂之上。景观石上苔点繁密,疏落有度。浑润的渲染营造了意境的深远幽静。这在很大程度上显现了沈周的故乡情怀。

沈家世代隐居吴门,阳澄湖畔的相城,就是他的故里和魂归之处。沈周一生家居读书,吟诗作画,未应科举,追求精神上的自由,以家乡的秀丽景色入画,显然是顺理成章,得天独厚。阳澄湖是沈周艺术创作的缘起之地。当年,沈周曾写过一首题为《晚归阳澄湖漫兴》的诗,从"净碧不可唾,百里借秋拭","疏处方森然,山黛一痕色","便以湖作纸,欲写手莫即"等诗句,不难看出画家如何接受清澄水色的美的传递,如何热爱故乡。

事实上,沈周有很多作品描绘了故乡的人文风光。衍化出民间传说的《郭索图》,就是其中之一。沈周用淡墨画蟹壳、蟹脚,以焦墨画爪尖和蟹壳凸凹,浓墨渲染双螯,随手勾勒稻穗一根。挥洒间,但见螃蟹双螯持穗,蟹壳微躬,横行于水草间,活脱脱显示出蛮横与可爱。题签"郭索图",是因为螃蟹爬行是常常发出"郭索郭索"的响声,所以外号"郭索"。作品流落民间,清甲戌年间被皇家收藏。至今,《郭索图》仍然为阳澄湖畔的人们津津乐道。

沈周开创的吴门画派,与元末画家隐逸山水画枯疏空寂的意境颇不相同,他在作品中注入了入世的和悦之情。从画作题签便可窥一斑。如《渔庄村店图》题曰:"渔庄蟹舍一丛丛,湖上成村似画中。"《幽居图》题曰:"心远物皆静,何须择地居。"《九月桃花图》题曰:"荣华虽顷暂,天地亦多情。"《桐荫乐志图》题曰:"钓竿不是功名具,入手都将万事轻。若使手闲心不及,五湖风月负虚名。"他不仅欣赏如诗如画的水乡美景,还上升到了精神生态的层面。恰恰是对故乡的热爱与玩味,给艺术创作带来勃勃生机。

沈周早年的画作用笔细密,后来越来越粗简刚健,被誉为"人书俱老"。几百年之后,站在他的作品前,仍然能感受到一股流动的气韵,感受到江南水乡的绿肥红瘦、莺飞草长。这些似乎并不是什么宏阔的题材,但故乡习常所见的景象,熟视无睹的家常,在沈周的笔下,却渲染出盎然生机。仔细观察,可以发现他的山水画中,常有人物形象出现在一个角落里,如《寒林归艇》中与枯树昏鸦相伴的归人,《野客渡桥》中与繁茂的山坡相对的老人,绝不喧宾夺主,却流露仙风道骨。这,正是画家在与故乡山水对话,也在与自己的内心对话。作品中无疑融入了中国传统哲学天人合一的思想。

历来的评论家说,名冠明四家之首的沈周,其绘画作品为传统山水画作出了两大贡献。一是融南入北,弘扬了文人画的传统。他的粗笔山水,笔法融进了浙派的力感和硬度,将南宗的苍茫浑厚与北宗的壮丽清润融为一体。作品风格变异后,所抒发的情感,也一改清寂冷逸,变为宏阔平和。二是将诗书画进一步结合。沈周的书法学黄庭坚,书风遒劲奇崛,与他的山水画苍劲浑厚的意蕴十分协调。他还巧妙地将书法的运腕、运笔之法,运用在绘画之中。沈周不仅学识渊博,诗书画俱佳,享有很高声誉,还平和近人,上门求画者"屡满户外",连"贩夫牧竖"向他求画,他也从不拒绝。有趣的是,甚至有人模仿了他的作品,请求他为之题款,竟也欣然应允。假如没有襟怀,是不会这样做的。

昆曲记

建筑语境中的昆曲

莎士比亚称呼他的剧场是"木头的圆框子"。昆曲的前身昆山腔,最初的演出场所却是湖上木船。

江南水乡,船永远是不可或缺的元素。一直到20世纪六七十年代,阳澄湖、傀儡湖一带仍保留着不少连家渔船。船,是流动的屋宇,是生产运输工具,也是流动的演艺场所。大船吹奏笛声,小船散落四周,这是一幅诗意盎然的画面。昆山腔纤徐委婉的水磨韵致,在某种意义上说,是木贼草细细打磨木器表面的声息,也是汩汩水流滑过船身的仪态。

有一句流传于苏州一带的吴谚说:"看戏头棚船,吃饭萝卜干,困觉柴里钻。"看戏时总想在前排的棚船里,哪怕没有美味佳肴,睡觉时往稻草堆里钻,这讽刺了某些人对时尚的追赶,也显现时尚的魅力。

在无舟楫不成行的水乡,船的功能被发挥得淋漓尽致。富豪们制作大型船舫演唱昆曲,既巧妙利用水乡美景,又充分展示奢华。张岱在《西湖梦寻》中说:"西湖之船有楼,实包副使涵所创为之。大小三号:头号置歌筵,储歌童;次载书画;再次待美人。"包涵筑在西湖上的楼船,不仅能演戏,还可以宴客,这种私密空间里的享受,用精美绝伦来形容丝毫也不为过。西湖不系园,则是杭州人汪然明的一条游船。为了一年四季都能尽情享受西湖美景,他别出心裁地制造船舫,作为系不住的庭园,置放在碧澄的湖面上。不系园长六丈,宽一丈多,舱内设壁橱、炊室,有内外室,船台上还张有可以拆卸的布幔。各类设施一应俱全。主人常常邀集名士高僧聚集在不系园,让家乐女班通宵达旦地唱曲。他在文化圈里的美誉度也就与日俱增。

从建筑文化的角度分析,由游船、楼船到厅堂,其格局是一脉相承的。且看昆曲巾生的台步,绝不相同于现代人的大步流星。《南西厢》里的张生,甚至用类似旦角的蹑步,一足站立,一足移后虚踮,双脚几乎相并,柔性而又拘谨。这不仅出自角色的需要,也符合昆曲的生态基因——内敛的社会心理和人文观念、船楼厅堂局促的一方氍毹。

元代陶宗仪的《南村辍耕录》,曾被认为是"戏曲"一词最初的出现之处。卷二十四"勾栏压",记录了当年松江府发生的勾栏倒塌事件。沈氏子内心不乐而入勾栏解闷,顾女不时去勾栏习唱,逢戏必到。当时的勾栏是一种永久性建筑。勾栏演出已属寻常之事,连僧人、道士也一起进入观演场所。勾栏棚屋倒塌竟压死四十二人之多。然而,"独歌儿天生秀全家不损一人"。元代诗人杜善夫的《庄家不识勾栏》,曾描写一位初次进城的农民,如何花费二百钱,去勾栏看戏。

如果说勾栏是城里的观演场所,那么乡村看戏就在场头。

浙江德清县蠡山，有一座范蠡祠。坐北朝南、依山而建的范蠡祠，前后三进，整座建筑呈古舫格局。前殿筑成楼阁式的殿堂与戏台，是古舫之首，大殿则是古舫之舱。殿内供有范蠡、西施和文种的神像。穿过大殿，沿山岩石梯上行至后殿，犹如进入舟梢之橹舱。站在制高点鸟瞰全祠，青瓦构成的屋面起伏有致，在沃野背衬下，犹如一叶轻舟荡漾于碧波之中。俞樾（曲园）是德清人，清光绪十九年（1893），曾为范蠡庙题写了"庙貌扁舟"的匾额。范蠡祠既是纪念性建筑，又是寺庙，还设有古戏台。庙前广场正是举行庙会和看戏的地方。宗教、娱乐、集会，在祠堂建筑中得到和谐统一。

明代史料中关于公共演戏场所的记载很少。主要原因，是由于昆曲繁盛时期，士绅富贵人家，家里拥有足够宽敞的客厅与庭院，他们往往买一班女乐优童，在家中习演昆曲，称为"家乐"或"家班"。用于招待宾客和自娱演出，大多在厅堂中所铺设的红地毯上进行，久而久之衍成风俗。戏曲舞台称"红氍毹"，就是那时得名的。

红氍毹式的舞台，在客厅或庭院中早就设计好的区域，铺上红地毡（也有修筑专用戏台的）。乐队伴奏，在作为舞台的红地毡靠后的一面，角色仍保持着左上、右下的上下场形式。明刻本《金瓶梅词话》中有一幅插图，描绘海盐腔艺人在厅堂的宴席之前演出《玉环记》的情景，地上也铺了一块氍毹，这就是真实写照。

在厅堂红氍毹上献艺,与观众的距离非常近,要求自然很高。用笛箫笙琵伴奏的"水磨腔"轻盈柔婉,绝无噪声。演员要严格区分角色行当,遵循"身段八要"细腻传神,不允许粗犷、粗糙、粗陋。正是在这样精益求精的艺术氛围里,一丝不苟地寻求和谐之音。所以,昆曲被称为"孕育于厅堂红氍毹上的戏曲艺术"。

昆曲的诸多剧目,如果不是孕育于园林、发生于园林,就是搬演于园林。将文学、音乐、歌舞、美术、雕塑等融汇于一体的昆曲,与古典园林幽雅、细腻、抒情、婉约的艺术风格是一致的。欣赏园林,应进入"虚境"。拂面的清风,皎洁的月光,将摇曳的树影筛成大团水墨,涂抹在宣纸一般的围墙上。此时,袅袅婷婷地走来一位妙龄女子,衣袂飘拂,怎能不牵动你的心弦?欣赏园林之境,是要用细微、淡然、安谧的诗心,在画面中徐徐行走的。

厅堂版、园林版的昆曲,生来带有江南意象,带有吴文化品性。吴侬软语,细腻委婉;刺绣织锦,溢彩流光;亭台楼轩,典雅幽婉;小桥流水,如诗似画。经历了数百年世事沧桑的漂洗,依旧飘溢着缕缕幽香。昆曲艺术生命中特有的雅致、淡泊、纯美的DNA,能使人远离人世间繁华嚣尘,找到一条诗意栖居的道路。

然而,从另一方面看,作为士大夫阶层享用的厅堂艺术,昆曲典雅古奥的文词,一般老百姓难以听懂。从勾栏瓦肆渐渐搬移到厅堂的红氍毹,昆曲也就一步步疏离普通大众,成为士大夫们的专宠,日渐自我封闭。这,恰恰是导致昆曲衰落的胎里毛病。

比如《断桥》一折，历来是昆曲名段，梅兰芳、俞振飞等很多名家都演过。白蛇与许仙在断桥上演绎的这段旷世恋情，不知打动多少观众的心。但业界也有褒贬，有人公开批评京昆大师俞振飞在舞台上步距放大了，为了适合现代人的审美理念，竟改变了昆曲巾生的步态。

怎样把握步态，却早已不被艺术家的意志所左右。作为时代潮流的象征，是我们的城市道路立体交叉，车辆日夜风驰电掣，钢筋水泥和玻璃幕墙建筑高大巍峨，耸入云霄。古老的昆曲生态，便很难与剧院的舞台格局相衬。你看台口的高敞、宽大、进深，让一桌二椅显得很渺小。有声光电的渲染，角色仍无法不加快节奏，即使不大步流星，也难以固守传统。面对数百上千的观众，依靠麦克风，演唱的声腔也必须有所调整。

作为农耕时代的文化遗产，昆曲与明清士大夫的生活情趣、艺术趣味是一脉相承的。节奏舒缓、意境曼妙的风格，恰恰体现了士大夫的文化修养。然而谁都明白，这一切跟快节奏的现代社会生活已不相合拍。自20世纪50年代《十五贯》成功上演，"一出戏救活了一个剧种"，到2001年5月18日昆曲被命名为"人类口述和非物质遗产代表作"，昆曲发生的变化，超过了以往任何时期。但无论如何，舞台演出终究是昆曲不可或缺的呈现形式（也可以用录像、视频和音频，但演出总是基础），我们怎么也离不开莎士比亚的"木头的圆框子"，也就只能接受建筑形态的制约或者指引。

今天的社会生活方式和思想意识形态,不仅与昆曲繁盛时期差异很大,甚至与二三十年前都有明显变化。不管你愿意不愿意,艺术审美与建筑空间的和谐,继承传统和与时俱进的协调,已成为一个必须深刻思考的大课题。在传统的表现形式、传播渠道已难以适应社会公众的审美要求和欣赏品位时,有人主张回归。然而,缺乏创新的回归收效甚微,甚至不过是一个噱头。这就难免让昆曲遗产的传承与保护举步维艰。

昆曲语境中的建筑

昆曲与建筑,犹如潺潺流水与蜿蜒河谷,相辅相成。

且不说剧院、厅堂、园林、戏台无一不是经典建筑,昆曲中的许多名折,也都设置在特定的建筑内。张生跳过的绣墙、杜丽娘与柳梦梅生死相系的牡丹亭、唐明皇与杨贵妃情思缱绻的长生殿,是情节蔓生的生活空间,也是舞台上的个性化场景。舍此,无戏。

自然,舞台上以戏曲语言描摹的建筑是虚拟的、抽象的、诗化的,也就更具艺术魅力。作为视觉艺术的昆曲舞台,将"当窗如画""窥窗如画"的创作方法,体现得淋漓尽致。舞台台口犹如一扇放大了的窗户。经由这扇窗户,观众可以轻便地进入剧中人的建筑空间,获得审美体验,乃至进入他们的心灵空间,与之同频共振。

昆曲非遗的珍贵,就在于形象地呈现元明时期的社会生活(包括建筑)形态。诗经、楚骚、汉赋、乐府、歌行、骈文、宫词、箴铭、奏议、诏令、祭文、檄移、南北曲、山歌、对联……所有这些文体,在昆曲传统剧目里都可以见到,且运用得体。比如《琵琶记·辞朝》一开场,黄门官——一个高级别的保安队长,就念诵了一段长长的赋文,以极其精美的文字,描绘了宫廷的富丽豪华、森严肃穆,为主人公蔡伯喈的上场以及辞官的举动,作出了极好的铺垫:

如今天色渐明,正是早朝时分,官里升殿,怕有百官奏事,只得在此祗候。怎见得早朝时分?但见银河清浅,珠斗斓斑。数声角吹落残星,三通鼓报传清曙。银箭铜壶,点点滴滴,尚有九门寒漏;琼楼玉宇,声声隐隐,已闻万井晨钟。曈曈曚曚,苍茫红日映楼台;拂拂霏霏,葱菁瑞烟浮禁苑。袅袅巍巍,千寻玉掌,几点瀼瀼露未晞;澄澄湛湛,万里璇空,一片团团月初坠。三唱天鸡,咿咿喔喔,共传紫陌更阑;百啭流莺,间间关关,报道上林春晓。午门外碌碌剌剌,车儿碾得尘飞;六宫里呕呕哑哑,乐声奏如鼎沸。只见那建章宫、甘泉宫、未央宫、长杨宫、五柞宫、长秋宫、长信宫、长乐宫、重重叠叠,万万千千,尽开了玉关金锁;又见那昭阳殿、金华殿、长生殿、披香殿、金銮殿、麒麟殿、太极殿、白虎殿,隐隐约约,三三两两,俱卷上绣箔珠帘……左列着森森严严,前前后后的羽林军、旗门军、控鹤军、神策军,虎贲军,花迎剑佩星初落;右列着济济锵锵,高高下下的金吾卫、龙虎卫、拱日卫、千牛卫、骠骑卫,柳拂旌旗露未乾。金间玉、玉间金,闪闪烁烁,灿灿烂烂的神仙仪从;紫映绯,绯映紫,行行列列,整整齐齐的文武官僚。螭头陛下,立着一对妖妖娆娆,花容月貌,绣鸾袍鸳鸯靴的春引昭容;豹尾班中,摆着一对端端正正,铜胆铁肝,白象简獬豸冠的纠弹御史……

门官的赋文,体现了"铺采摛文,体物写志,重于写景,借景抒情"的赋体文学特征,既有连珠和律赋的严谨,也有元曲活泼清新的自由;既是案头之作,也可作场上之作。这足以令观众心驰神往,仿佛也与文武百官一起置身于早朝的巍峨宫殿。一气呵成、抑扬有致的念诵,全靠演员千锤百炼的功力,可惜如今已几近失传。

《雁翎甲·盗甲》,是一折描绘时迁偷盗雁翎甲的戏。"鼓上蚤"一词听起来很生动,在舞台空间却难以表演。昆曲演员便创造出了"壁虎形"的身段,使之在虚拟空间中蹿跳自如。时迁一上场,念白时,双手十指张开,手掌向前抚动,沿台边走一圈至九龙口,恍若壁虎走壁。随即,他箭步至下场角,右腿跪下,双手背贴近地面,斜向左方托起,两眼角向后咧开,呈现壁虎之相。一会儿,右单腿起立,趁势一旋,上身前倾,双手高举,又像壁虎攀住墙头。这形象无疑很独特。

漆黑的雾晚,"鼓上蚤"奉宋江之命,潜入金枪手徐宁家里偷盗宝甲。黑衣黑帽的时迁,身手矫健,悄无声息地攀过一进一进的宅院。"时迁却从戗柱上盘到膊风板边,伏做一块儿,张那楼上时,见那金枪手徐宁和娘子对坐炉边向火,怀里抱着一个六七岁孩儿。时迁看那卧房里时,见梁上果然有个大皮匣拴在上面;

房门口挂着一副弓箭,一口腰刀;衣架上挂着各色衣服。"施耐庵的小说里如此描绘。在戏里,则设计了一些突发的变化,让情节起起伏伏,愈加扣人心弦。

进入内院的室内,天色已近四更。"鼓上蚤"发现装雁翎甲的小箱,高悬在最高的屋脊下,于是竖蜻蜓,再两脚勾上,弯腰挺身到梁上,上到最高的梁,悄然将甲箱取到了手。他这样做,难免有些声响。徐宁夫人察觉了,让使女梅香去看看,究竟怎么回事。时迁就学老鼠厮打,吱吱叫了几声,便蒙混过去。内室、屋脊、高梁,这一切场景全都由高桌上的身段、手姿、目光与观众的联想共同构筑。

《盗甲》一折中,丑角所扮演的时迁,必须掌握"反千弯腰筋斗"的技巧。当他准备登上高桌时,先用竖蜻蜓式将两只脚插入,勾住后,再弯腰翻身而上。拿到了甲箱,又翻身轻滚而下,居然不发出任何声息。此刻的盗窃并非犯罪,也不是劣行,而是一门常人难以企及的艺术,且具有身轻如燕的美感。偷盗的目的一旦赋予重要意义,窃贼转而成为好汉,成为"盗圣",就顺理成章了。

传统昆曲的舞台,往往仅有一桌二椅,简约到了极点,却有很强的表现力,适合厅堂、园林、宴席、场院等各种环境的演出。在不同的剧情里,一桌二椅可以假定为城池、假山、塔台、桥梁,也可以设定为船只、屋面、车辆、佛龛,甚而可以想象为狗洞、窗口、井栏、陵碑……经由演员上场后的唱念做打,作为建筑元素的一桌二椅,在分解组合的变幻中早已超越了自身。昆曲的舞台法则,跟西方人的戏剧观颇不相同,西方人总是让观众被动地相信舞台上的一切,运用犹如生活真实的身体语言。昆曲则让观众在抽象的标识、隐约的暗示和有趣的引导下,展开思想的翅膀,与演员共同完成角色创造。

随着时代的发展,一桌二椅也发生了变化。多媒体技术、数控技术、系统集成等高科技手段,被大胆引入。视频、灯光与道具相结合,舞台上的建筑形象愈加丰富,受到年轻观众的欢迎。

比如原创昆曲《顾炎武·谒陵》一折,一身小帽青衣的玄烨,去钟山拜谒明孝陵,恰巧路遇亭林先生。一个是具有文韬武略、颇懂文化作用的皇帝,一个是坚持遗民立场、关注天下兴亡的学者,在明代开国皇帝的陵墓前,他们观照历史沧桑,彼此间不能不产生强烈的思想冲撞和情感交流。这折戏完全是虚构的,手法很现代。摔下马背后在曲沃弥留中的顾炎武,傅山已称不治,与玄烨对话的,与其说是亭林先生,还不如说是他的灵魂。这完全符合思想家的身份。舞台装置也很现代,一座可分可合的拱桥,随着剧情推进,转换搭配的角度,忽而是山坡,忽而是桥梁,忽而又成台阶,颇具象征意义。在现实生活中不可能结伴而行的两个人,就在这里开始充满哲理的对话。

上海昆剧团最近上演的现代昆曲《自有后来人》,在舞美和装置上进行了更大胆的艺术探索。舞台上的场景,如向前行驶的火车、飘着炊烟的屯舍、阴森恐怖的监狱,有动有静,有真有假。李铁梅家的茅草屋顶是真的,可以根据剧情需要轻松安装或吊移,窗户却是假的;桌子是真的,门帘则是假的,视频、灯光与道具相结合,在加入了西洋乐器的音乐烘托下,制造了一副副具有质感的场景,引人入胜。

毕竟,这是一出现代戏。

昆曲语境中的建筑,是与时俱进的。

胡适误读的昆曲与俗戏

由文化和旅游部艺术司、江苏省文化和旅游厅主办的戏曲百戏（昆山）盛典在昆山举行，全国现存的348个戏曲剧种，连续三年在昆曲发源地集中亮相，2020年是收官之年，新的一轮盛典又在酝酿之中。

昆曲，被称为"百戏之祖"。

何为百戏？在中国戏剧发展史中，百戏原本有广义与狭义之分。《后汉书·安帝传》曰："乙酉，罢鱼龙蔓延百戏。"这指的是"各种各样的戏"，从秦汉逐渐兴起。汉唐时期，随着西域的胡乐杂技传入中国，民间百戏有机会吸收外来文化，促使表演艺术更加丰富多彩，技巧也得以不断提高。高水准的民间百戏甚至为皇帝看中，成为炫耀国力的一个方式。

进入唐代，对艺术情有独钟的唐玄宗李隆基，把外来的胡乐和民间俗乐、散乐划归教坊管理，使百戏的表演形态更加丰富多彩，不仅融合舞蹈与特技的内容，还使每一种特技有专门的音乐相配。到了宋代，随着工商业经济逐渐发展，市民阶层对物质生活的要求日益提高，娱乐活动也迅速繁盛。北宋的汴京、南宋的临安都设有民间杂技表演的场所——瓦市。

如果说民间百戏林林总总、色彩缤纷，显示出蓬勃的生命力，为戏曲的孕育、诞生提供了温床，那么逐渐从百戏、俳优、乐舞基础上发展起来的戏曲，才可称为严格意义上的百戏。

元杂剧的产生，意味着中国古典戏曲开始进入鼎盛期。昆曲的源头或许可以这样比喻：民间音乐和方言是她的父亲，南戏是她的母亲。昆山腔的"DNA"中有很大的成分是南戏。南戏的主体音乐南曲，一种重要的戏曲声腔系统，为明清以降戏曲的繁荣提供了丰富营养。事实上昆曲漫长的根系还伸向唐代宫廷音乐，伸向《诗经》、唐宋大曲、诗词、唱赚、诸宫调……后来魏良辅吸收北曲的营养，大胆革新，终于使昆山腔拔萃于其他剧种。

从历史的角度看，惟独昆山腔，以成熟的表演形式和近乎完美的艺术神韵，在戏剧舞台上占据无可替代的地位。直到现在，京剧、川剧、湘剧、粤剧、汉剧、赣剧、滇剧、婺剧等许多地方剧种中，仍保留许多昆曲的剧目、曲牌和表演艺术。川剧的变脸、喷火等特技，其实渊源于昆曲舞台。作为国粹的京剧，各类角色的性格唱法，也是在昆曲奠定的基础上发展起来的。昆曲的曲调乃至成出的戏目，被大量吸收入京剧和不少地方剧种。很多演员（包括表演艺术家梅兰芳、程砚秋）无不把昆曲的唱、演技巧作为加强基础训练、提高演唱水平的一个重要方法。

昆曲与百戏的关系，大率如此。

一百年前兴起的新文化运动中，作为主阵地的《新青年》，高扬文学革命的旗帜,倡导新文学,反对旧文学。以昆曲为代表的被视作旧文学典型的旧戏,受到了陈独秀、胡适、鲁迅、钱玄同、刘半农等人的激烈批判与否定。从国外回来才一年半的胡适博士,更是显现标新立异的偏激。

在1918年10月刊载于《新青年》的《文学进化观念与戏剧改良》一文中,胡适提出了文学进化观念的四层意义,一是"一代有一代的文学";二是每一类文学都是从低微逐渐进化到完全发达地位;三是文学进化过程中会留下无用的"遗形物";四是一种文学进化到一定程度会停滞不前,直到吸收其他文学长处,才再继续进步。

他认为,用白话文替代文言文,用戏剧中道白完全替代唱词乃是文学进化之必然。他说:"传奇的大病在于太偏重乐曲一方面;在当日极盛时代固未尝不可供私家歌童乐部的演唱;但这种戏只可供上流人士的赏玩,不能成通俗的文学。况且剧本折数无限,大多数都是太长了,不能全演,故不能不割出每本戏中最精彩的几折,如《西厢记》的《拷红》,如《长生殿》的《闻铃》《惊变》等,其余的几折,往往无人过问了。割裂之后,文人学士虽可赏玩,但普通一般社会更觉得无头无尾,不能懂得。传奇杂剧既不能通行,于是各地的'土戏'纷纷兴起:徽有徽调,汉有汉调,粤有粤戏,蜀有高腔,京有京调,秦有秦腔。"

所谓土戏、俗戏,即我们所说的百戏。胡适认为,中国戏曲"守旧性太大,未能完全达到自由与自然的地位"。守旧体现在乐曲、脸谱、嗓子、台步、武把子等"遗形物"。这些早就可以不用了,却沿用至今不改,就像是皇帝虽没有了,总统出来时依旧地上铺着黄土,年年依旧祀天祭孔。"现今新式舞台上有了布景,本可以免去种种开门、关门、跨门槛的做作了,但这些做作依旧存在;甚至于在一个布置完好的祖先堂里'上马加鞭'","这种'遗形物'不扫除干净,中国戏剧永远没有完全革新的希望"。

胡适还认为,中国戏曲除了形式守旧,观念亦守旧。与西方戏剧相比,戏曲"最缺乏的是悲剧的观念"。"无论是小说,是戏剧,总是一个美满的团圆……是说谎的文学"。他一方面承认从昆曲到"俗戏"(即百戏)的发展,算是中国戏剧史上"一大革命";另一方面认为俗剧起源于中下层社会,"编戏做戏的人大都是没有学识的人","戏中字句往往十分鄙陋,梆子腔中更多极不通的文字","俗剧中所保存的戏台恶习惯最多"。

胡适的文章引入西方戏剧思潮,提出了自由主义、写实主义戏剧观,以及戏剧进化论和悲剧观念,对于初期的文学革命产生巨大影响。显然,文章也存在着不可避免的局限性。

与此同时,胡适似乎也承认昆曲的长处。他的文章说,李渔的《蜃中楼》乃是合并《元曲选》里的《柳毅传书》同《张生煮海》两本戏作成的,但《蜃中楼》不但情节更有趣味,并且把戏中人物一一都写得有点生气,个个都有点个性的区别,如元剧中的钱塘君虽与布局有关,但没有着意描写;李渔于《蜃中楼》的《献寿》一折中,写钱塘君何等痛快,何等有意味!这便是一进步。又如昆曲

《长生殿》与元曲《梧桐雨》同记一事,但两本相比,《梧桐雨》叙事虽简洁,写情实远不如《长生殿》。以戏剧的体例看来,杂剧的文字经济实为后来所不及;但以文学上表情写生的工夫看来,杂剧实不及昆曲。如《长生殿》中《弹词》一折,虽脱胎于元人的《货郎旦》,但一经运用不同,便写出无限兴亡盛衰的感慨。

胡适鄙视的"遗形物",今天被誉为"文化遗产",并被殊加保护。胡适主张以科白替代曲词,百戏之祖的优势恰恰是曲词。昆山腔熔北曲和南曲诸腔于一炉,精心提炼,其音乐成就是史无前例的。在节奏上,除了通常的三眼一板、一眼一扳、叠板,又出现了赠板,使音乐的布局有了更多的变化,缠绵委婉、绮丽悠远的特点更加突出。在舞台表演时,声音的控制,节奏的顿挫疾徐和咬字吐音,有"豁、叠、撅、嚯"等腔的区分以及各类角色的性格唱法,将传统音乐艺术成就向前推进一大步。音乐配器方面也更为齐全。以笛子为主的伴奏乐器,赠板的广泛应用,字分头腹尾的吐字方式,以及它本身受吴地民间音乐影响,更具有流丽悠远的特色。

值得注意的是,作为百戏之祖的昆曲,经历了盛衰起伏,并未以"祖"自居,以"雅"固步,凌驾于群戏之上。在影响诸多地方戏曲的同时,昆曲不断向地方戏曲吸收艺术营养,以提升自己。

例如,昆曲旦角、生角的水袖,并不是与生俱有的,而是向京剧学来的。清咸丰初年,江南一带成为太平天国的政治中心,他们所推行的禁戏政策,让昆曲受到重创,许多班社被迫解散。南北军事对峙,又致使北方昆曲得不到发源地的艺术支持,许多昆曲伶人迫于生计,不得不投奔处于上升期的京剧剧团。他们与京剧演员合作,搬演和改编了大量昆曲剧目。这形成了"昆乱不挡"的局面。原本成熟而矜持的昆曲,向京剧借鉴了有利于自身发展的成分(包括水袖)。后来,水袖成为昆曲舞台的艺术特色。

还有舞台表演风格。《一文钱·罗梦》最初是一个弋阳腔剧目,后来为昆曲移植,演出时仍保留弋阳腔的曲调和样式。吝啬鬼罗和作为农村群氓中的一员,因为其愚昧落后,被老一辈昆曲艺术家讽之为"古代的阿Q",而这恰恰是主导昆曲的士大夫们所不熟悉的典型形象。弋阳腔来自生活的表演,一反昆曲细腻、柔美、骈俪的特征,在笨拙、粗粝中透现讽刺意味,令舞台人物之林增添了异彩。

曾经激烈批评传统戏曲的胡适,后来态度也发生了转变。十年后,在一次演讲中他说:"社会上无论何种职业,不但三十六行,就是三万六千行,也都是社会所需要的。梅兰芳是需要的!小叫天(谭鑫培)是需要的!"1929年,梅兰芳赴美演出前,胡适在筹备工作中给予诸多帮助,甚至亲自到码头送梅兰芳赴美,不惧因而受到"真估不到新文化运动的领导者如先生,竟无聊至此,亲送男扮妇装的戏子出洋"的攻击。

胡适以莫名的自卑说:"大凡一国的文化最忌的是'老性','老性'是'暮气'。一犯了这种死症,几乎无药可医;百死之中,只有一条生路,赶快用打针法,打一些新鲜的'少年血性'进去,或者还可望却老还童的功效。"所谓的少年血性指的是"西药",他希望以此医治暮气攻心的毛病。但恰恰忘了,古希腊的剧、古印度的舞、古代中国的曲,是人类戏剧史的三大源头,彼此无可替代。而戏曲艺术的交融与影响,从来是增强自身生命力的因素。昆曲与百戏(其他剧种)的命运休戚与共,直到今天依然如此。

汤显祖的女儿心

明万历六年(1578),汤显祖妻子吴氏在临川生长子士蘧。两年后生次子大耆。五年后,吴氏病逝于临川,汤显祖续娶北京傅淳之女为妻。万历十六年(1588),妾赵氏在南京生女儿詹秀。孰料,长子士蘧在二十三岁时夭亡,继室傅氏所生的四子西儿于八岁夭亡,五子吕儿仅一岁便得痘夭亡。尤其令汤显祖痛心疾首的,是女儿詹秀在七岁时夭亡。

詹秀,是因为产于南京詹事府而得名。她天真活泼,聪明伶俐,活脱脱的一个美人胚子。从牙牙学语开始,就总是像一只小猫似的,缠绕在汤显祖的膝边。这孩子又爱读书,教给她的那些诗词,很快就能背熟。这完全是继承了父亲的禀赋,怎么能让人不喜欢!

怎么能预想,七岁那年,詹秀竟患天花不治而亡。

汤显祖永远清楚地记得,詹秀离开他的前一日,他带着孩子,到祖祠拜谢。女儿穿着绣花连裙衣裳,说不尽的活泼可爱。可是因为患痘症,她发烧不退,脸色赧红,举止有些呆滞,费力地解开贴身的红衣裳,在祖祠正立。汤显祖注视着她,眼前模糊一片。

拜谢祖祠,竟然是与祖宗永别。第二天詹秀便离开了人世。汤显祖痛哭了一场,连茶饭都显得那么苦涩。人生的无常总是令人猝不及防。老天爷对我真是太不公平了!夙夜起坐,又含泪写下这样的诗句:

死到明姑也不辞,要留人世作相思。
伤心七岁班斓女,解着襜红别祖祠。
古梦吞星即有灵,当今织女是何星。
心知不合飞流去,泪洒苍茫河汉青。

好友刘应秋,字士和,明万历十一年(1583)进士第三人,授翰林院编修。迁南京国子监司业。那年喜得贵子,取名同升,汤显祖应邀前往刘府祝贺。两年后汤显祖也有了女儿詹秀。两家关系一向和好,同升和詹秀常常在一起嬉闹玩耍。汤显祖特别喜爱聪颖清秀的同升,有意教他古诗联对,同升一读就会,异乎寻常的机敏。一天,汤显祖说:"这俩小家伙尤其合得来,何不结成亲家?"刘应秋回曰:"汤兄既然由此美意,吾当乐意从命耳。"很快,两家便举行了隆重的订亲仪式。不幸的是,爱女詹秀少年病故,未能与同升喜结连理。但刘同升仍然视汤显祖为岳父。

明万历十二年(1584),汤显祖被授南京礼部太常寺博士。七年后,汤显祖上奏《论辅臣科臣疏》,洋洋3 000余字的议政书,触忤了龙颜。神宗皇帝朱翊钧御批:汤显祖以南部为散局,不遂己志,敢借国事攻击元辅。本当重究,故从轻处分。五月,汤显祖被贬为广东徐闻县典史,那只是一个管理缉捕、监狱之类的小吏。

准亲家刘应秋,与汤显祖有相同的耿直秉性。万历十八年(1590)冬,他上书评论首辅申时行,言辞犀利如箭:

> 陛下召见辅佐大臣面议,询问边防事务,申时行不能坦诚为国家谋划,专门隐瞒弊害。敌贼大举进犯,已劫掠了洮、岷,又直逼临、巩,覆灭我军,杀我将领,败绩频传,申时行依然说"劫掠番地",说"敌寇扬言要侵略了",难道洮、河以南都是番地吗?辅佐大臣,是天子所依托的心腹。他先作隐瞒,还责备众位僚属干什么?我认为,嘉靖到现在,士风已有三次变化。第一次是严嵩贪吞贿赂,士风变得贪婪。第二次是张居正专权,士风竟尚邪恶刻薄。现在外无贪婪之名,而贪婪的大夫、行贿的将帅大都由他们的门下产生;表面上要避免专权的嫌疑,手中却倒握锋利的斧斤。欲天下无靡,不可得也!

话语还触及了次辅王锡爵。然而,讥评时事难免会招致忌妒。万历二十六年(1598),经历了种种挫折的刘应秋,终于称病辞官回乡。

汤显祖在徐闻县,曾创办贵生书院,教民知书识礼,认识生命的重要性。刘应秋作《贵生书院记》，充分肯定他以"贵生"创办书院的思想与追求。刘应秋著有《刘大司成文集》十六卷，汤显祖为之作了序言。尺牍卷录有刘应秋致汤显祖的十七通信札。仔细阅读，不难看出两位好友在遭遇官场风雨时的惺惺相惜。

其一："徐闻在广为善地……聂惕吾谓有书先与言之。吾丈行，或暂不携家，看彼中景象何如。若不欲差假归，为久住计，弟意即携家亦可。广地多热，其风土喜夜食，夜食则易生病。故常食兵榔（槟榔）为消导。吾辈处其地，第晚用粥，毋大饱。早少饮一二杯淡酒，毋令虚腹，即瘴何由乘。"汤显祖前往徐闻，刘应秋给予无限关切。先是探讨要不要携带家眷，接着又劝他常食槟榔。徐闻一带早先山林茂密，瘴气弥漫，给予民众的健康带来很大威胁。槟榔可以说是一种救命果。后来，汤显祖果然写下"岭俗槟榔重，盈门过礼时。银刀飞宝匣，金蒂压花枝"的诗句。《牡丹亭》二十一折《谒遇》，涉及通事、番鬼、海槎、市舶，跟游园惊梦迥然而异。汤显祖似乎感受到了大航海时代的到来，从南海之滨写到北国边陲，充分拉开地理空间。南海商舶与北国番邦，构成了诡谲的联系。这，恐怕与他降职徐闻也有密切关系。

其二，"天下国家之虑，且当置之有心无心之间，直好作蒲团上生活，出世乃能经世，则无用之为有用，非空寂也。贫子说金，又向大行家开口，弟之谓矣。时事具《邸报》中，不能悉。李建宇疏亦竟中留。太仓公得假遂归,亦未知其中意向何如。其于速去,亦脱然也。"太仓公,即万历首辅王锡爵。刘应秋毫不避讳对他的讥讽。天下国家大事,血肉相连,却说汤显祖置之有心无心之间,甚至像佛教徒一样出世,以无用为有用,胸中的激愤与无奈,谁能体味?

其三,"颙望到浙消息,近始得手教,读之跫然喜甚。王弘阳别时,甚以丈为念。谓不当久淹县吏,业已与部中言。一到任,辄有揭来。"撇开路上的时间,汤显祖任职徐闻只有半年左右,很快"量移"至浙江遂昌任县令。甫一获悉,刘应秋就给他写信,又流露另一番担忧。汤显祖却乐此不疲。兴学重教,奖掖农桑,纵囚观灯,《牡丹亭》蕴含诸多遂昌元素。

刘同升,未能成为汤显祖的女婿。自幼天资聪颖的读书郎,直到五十一岁时才考中丁丑科状元,授翰林院修撰,真可谓大器晚成。由刘同升,汤显祖想起了詹秀。由詹秀,又想起自己跌宕起伏的命运。动情于殇女,他强抑悲痛,坐在了书桌前。读书人回天乏力,还可做什么?全部的希望,只能寄托于诗文之间。所酝酿的一部传奇,历时已久。杜丽娘自小读《诗经》,唱乐府,但她不明白识字恰恰是人生不幸的起点。渴望拓宽视野,使一贯顺从的她产生了叛逆心理。于是随丫鬟春香走进了花园,从若隐若现的游丝窥见消息,继而与梦中情人相遇,并与之交欢,开始生命的历险。如果说,杜丽娘是由詹秀引发的奇幻想象,那个风流倜傥的柳梦梅,莫不正是才子刘同升影子的投射?

> 情不知所起,一往而深。生者可以死,死可以生。生而不可与死,死而不可复生者,皆非情之至也……

汤显祖深彻地懂得这个道理。

寄托于杜丽娘与柳梦梅的爱,他内心深重的创伤才渐渐消减。

这部"于路日撰"的传奇最后杀青时,汤显祖居住在昆山兴贤里片玉坊。那里是同科进士徐应聘的家。翻开《昆新两县续修合志》,可见卷十三中记载:"太史第。太仆寺卿徐应聘所居,在片玉坊,有拂石轩。注:应聘与汤显祖同万历癸未科,显祖客拂石轩中作《牡丹亭》传奇。国朝张潜之诗:梦影双描倩女魂,撒将红豆种情根。争传玉茗填词地,幻出三生拂石轩。"世界真的很小。明万历十一年(1583)癸未科,吉水刘应秋、临川汤显祖、昆山徐应聘是同科进士,刘应秋名列前茅,汤显祖与徐应聘名次相近,他们的仕途也有相似的坎坷。徐应聘于万历二十一年(1593)弃官回籍,汤显祖则在万历二十六年(1598)离京还乡。由于志同道合,又对戏曲有相同爱好,汤显祖离京还乡时,特意来到昆曲发源地昆山,居住在徐应聘的家中。《牡丹亭》最后是在片玉坊的拂石轩内完成的。

他的剧本刚写出来,立即被梨园弟子拿去"朝歌夜舞"。太仓人,万历首辅王锡爵雅好昆曲,且与汤显祖有师生之谊,听说汤显祖在写《牡丹亭》,马上派人暗通汤显祖的随从,窃写后拿回太仓,交给家班演出。等到汤显祖写完剧本,放在衣袖中拿去请他过目时,他笑道,我早已熟读了。

然而,一身官气的王锡爵,又哪儿能懂得汤显祖那一颗生死相从、情思相缠的女儿心呢?

竹西花事

《竹西花事小录》是被列入《香艳丛书》的。鲁迅先生《中国小说史略》谈及清代狭邪小说时，列举的例子中提到"扬州，吴门，珠江，上海诸艳迹，皆有录载"，其中包括余怀的《板桥杂记》。《竹西花事小录》则在余怀之后，续广陵画舫之游。但难以作为小说来读，昆曲史料倒是琳琅满目。

竹西，原为古亭名，此处代指扬州。杜牧的诗句"谁知竹西路，歌吹是扬州"可作佐证。《竹西花事小录》的写作时间，书前小序记为"薄游广陵地，当兵火劫余，沧桑变后，人民城郭，市肆街衢，顿改荆榛"，指在太平军战事爆发后。序末署"戊辰冬仲"，应为同治七年（1868）。作者芬利它行者，究竟有什么含义，似乎无人能解。

扬州繁华以盐盛，尤以清代为最。郑板桥的诗句"千家有女先教曲，十里栽花算种田"，意味着贫家女子从小就接受戏曲教育，以糊口谋生。"广陵为盐运所在，虽富商巨贾，迥异从前，而征歌选色，习为故常，猎粉渔脂，浸成风气。闾阎老妪，蓄养女娃，教以筝琵，加之梳裹，粗解讴唱，即令倚门。说者谓人人尽玉，树树皆花，当非虚妄"。昆曲在扬州的辉煌，似乎能从古城中心的苏唱街寻觅遗迹。《扬州画舫录》也有记载:"城内苏唱街老郎堂,梨园总局也。每一班入城,先于老郎堂祷祀,谓之挂牌,次于司徒庙演唱,谓之挂衣。"从苏唱二字不难想象,这条街巷是苏州优伶出没的地方,街头飘荡着迂回婉转、悦耳动听的昆山腔。许多身怀绝技的优伶,相约在苏唱街的梨园总局碰面,商量演出日程和剧目,或在一起展示歌喉,切磋技艺。苏唱街的热闹,丝毫也不亚于苏州阊门山塘街。

明清交替之际,"扬州十日"的烽烟湮没了竹西歌吹的丝管。太平军的刀枪尤令昆班烟消云散。然而一旦社会安定,经济复苏,扬州昆曲复又繁盛起来。《竹西花事小录》记述了诸多工于度曲的歌姬。当时的扬州青楼号称"八大家",无不豢养着色艺俱佳的青楼歌女。八大家是此中巨擘,称为清堂名,等而下之的则是浑巢子。凡是在浑巢子中的歌姬,难以污泥自拔,即使有人偶尔冒尖,仍然不为同道看重。这让人想起乾隆时期扬州盐商蓄养的昆曲七大家班。它们名伶荟萃,角色俱全,剧目繁多,行头富丽。诸班演员之间,既有师承关系,又有不同风格。此外还活跃着一些商业性戏班,如广德太平班、百福班、双清班、聚友班和扬州老洪班等。

及至晚清,"八大家"依然承袭昔日传统。比如小高二家有姐妹二人——大宝玲、小宝玲,皆擅长度曲。小宝玲生得格外端庄靓丽,"双眸清朗,秀色撩人,工度曲"。她还善于佐客饮酒,连饮数盏也不致酩酊。大宝玲则"丰肌腻理,素面朝天,不假粉饰,天然入画,引喉按步,宛转琼筵,虽非楚楚纤腰,政不觉环肥为累"。她们不但工于声腔,舞蹈时也不乏妙曼身段。

除了歌姬姐妹,还有爱珠、春林、喜林、如香、翠香、兰英、玉琴、素云、素娟等(其中如香、翠香也是姐妹)。"如香貌中资,善讴吴歈,清越有节,略能识字,情词宛转,舌妙粲花","吴歈"正是昆曲。妹妹翠香的眉目间别具一种俏媚。有人招她侑觞,她"一曲当筵,珠喉宛转",同时"并工蹋歌,能演小剧,引喉按步,略有可观"。昆曲侑酒,历来是传统。

宝珠,是高麻子家的歌妓,一度在南通售艺,后回到扬州。她的风韵,犹如"天寒倚竹,翠里生怜,弱柳晚风,珊珊莲步,有林下风气,非复障袖抹肩故态也"。这体现了长江北岸的扬州女子的特色,与苏州女子的文弱娴静有所区别。芬利它行者形容她"雅工词令,从容酬答,款曲得宜,酒酣度曲,以盏代茗,可称大户,觞政极严,不少假借。"这位善于唱曲的歌姬,有酒量也重酒风,在酒酣耳热之际引吭一曲,大有林下之风。宝珠在扬州不常接客,据说客人一定要见她,必须效《西厢记》粉墙故事,看来颇有些身价。

陈四家青楼位于扬州石牌楼。战乱后,这里四处是败瓦废椽,荒草野棘。沿小道蜿蜒行走许久方能抵达。陈家有歌姬六七人,其中的巧玲、双玉,擅唱情词款曲,软语昵人,嫣然作态,令人心醉。还有一位双珠,年方二十,"以讴名,一曲明珠,时称罕比"。值得一谈的是玉蝠,姓陈,清江人。扬州青楼中多有从苏北里下河一带买来的女子,陈玉蝠也属于此类。书中记载:"清江陈玉蝠,为曩时花榜殿军,往在海陵曾见之。工讴昆山曲子,套数极多。言谭斐亹,竟日不倦,故是老宿、后辈所不及也。住蒋家桥,闻有主者,不复可往。"她不仅是花榜殿军,所工昆曲套数极多,堪称扬州曲坛的翘楚。

青楼林立,歌姬云集,无疑应娱乐消费市场的需求而生。市场的激烈竞争又促使歌姬不断改善妆容,研习声曲,提升艺技。晚清时期,古城苏州遭受太平军重创,死于战乱的读书人数以千计,已派不出曲师(也称"乌师")来教曲,便由扬州的本地曲师取代。书中说"陆素香,曲子师之女。旧在三径草堂,貌中人,伎能粗具"。连曲师之女也仓促上阵,可想人才之匮乏。所谓艺术,也成了一种基本的生存方式。

水西歌姬们所讴唱的曲目是什么呢?芬利它行者提到一位名叫学圃的朋友,精于曲子数段:"学圃客至自淮西,清讴素擅,引宫刻羽,曲尽其妙。柳枝庵小集,酒酣耳热,引喉高唱《关大王训子》《赵太祖访雪》《济师伏虎》诸剧,兼及生旦家门数曲,音节谐和,高下抗坠,各得所宜。"但她们唱的不全都是昆曲,有不少是俗曲。"古人千金买笑,而今则缠头之赠,有赏其工于哭者。南词中如《哭小郎》《哭孤孀》之类,向为江北擅场。二八佳丽,往往专能"。《哭小郎》在《扬州画舫录》中称"小郎儿曲",属于扬州清曲曲目。《哭孤孀》也许就是扬州地方戏曲中的《小寡妇上坟》之类。此外有歌妓善于"巾舞","其曲有《独上小楼》《独对孤灯》

诸则,并皆情致缠绵,虽非白雪阳春,大率昵昵儿女语,加以金莲贴地,瑶佩飞云,楚楚腰肢,甗甈迴转,倍觉情文相生"。强颜欢笑,投客人所好,大半出于无奈。更何况,经历了花雅之争的昆曲,已迅速滑走下坡。即使在昆曲发源地,也渐渐转向堂名和滩簧——以通俗方式演唱昆曲了。

书中说,歌姬所唱的昆曲,已与正统唱法有别。"即有名工,亦非昆山本色。分寸合度,良非易言。三月广陵,竟嗟绝调!"她们所讴唱的昆曲,已不是原汁原味的昆曲,而出现了"扬州化"。这跟川昆、湘昆、北昆的相继产生是一样的。戏曲艺术传播过程中的语音本土化,存在普遍规律。歌姬谁不懂得,作为衣食父母的观众,潜藏着难以抵御的力量?哪怕昆山腔美轮美奂,出乎诸腔之上,自恃清高却只能断了生路。

扬州的盐商们未必真正懂高雅艺术,但既然腰缠万贯,欣赏昆曲的时髦就不能不赶。何况,康熙、乾隆二帝南巡屡次莅临扬州,令盐商们接驾时使尽十八般武艺,上演昆曲必不可少。原先的竹西艺人多来自苏州,后来也培育本地名伶,如昆丑杨鸣玉,是扬州甘泉人。生角管六郎,则是扬州宝应人。吴侬软语太拗口,不妨掺杂扬州话,人称"扬昆",声腔却依然保留水磨调,至今从昆曲丑角的嘴里仍能听到扬州方言。

芬利它行者在《竹西花事小录》的结尾处,叙述自己和友人前往"八大家"寻花问柳的情景。他说:"朋侪中,十二峰人最豪宕,流连歌席,色舞神扬,雅近吾家,横岘生气概,春夏气,良不可少。东山生和而不流,虽有国风之好,不过香草美人之思,不屑屑求实际也。第用情最深,有所向往,固结缠绵,不能自解。幸防闲有素,不致倡条冶叶,茧裹絮缠耳。香草词人亦长于情者,惜以杨枝夙约未酬,无暇作章台新梦,所以与花周旋,未著色相。春柳生绮岁多情,而自期甚厚,操守亦严,虽心赏有人,终未肯红楼选梦。夫惟大雅,卓尔不群,彼君子兮,何日忘之?"

看来是有所避讳,他以"十二峰人""东山生""香草词人""春柳生"等化名,来替代友人的真名。对于他们的评价,也是听曲怡情而不重色。然而,书中坦陈:"曲中以招致侑觞为最乐,合尊促坐,对酒当歌。心许目挑,情文交至,不甚唱夜度曲……有私昵者,银釭背坐,偷解罗襦,亦情不自禁,惟不肯公然延迷香洞,设神鸡枕耳。"这已在昆曲之外,暂且不论。

鹅湖逸士的佳丽排行

在漫漫岁月中,道不尽的英雄往事与数不清的绝色佳人,构成了一个永恒的历史话题。鲁迅先生在《且介亭杂文·阿金》中曾说:"我一向不相信昭君出塞会安汉,木兰从军就可以保隋;也不信妲己亡殷,西施沼吴,杨妃乱唐的那些古老话。我以为在男权社会里,女人是决不会有这种大力量的,兴亡的责任,都应该是男的负。"然而直到今天,对丽人的评头论足,心驰神往或避若祸水,仍一刻也没有停止。

清人鹅湖逸士的《老狐谈历代丽人记》,不仅谈丽人,而且给历代丽人列出了一个排行榜。谁是鹅湖逸士?他自诩老狐,借用聊斋笔法是否流俗?我们暂且不作深究,重要的是他对佳丽们的评定和推荐,几可类同于今天世界小姐、亚洲小姐的评语。寥寥数语,切中肯綮,今天的人们足可对照。

自古以来卓可称道的美女,被鹅湖逸士划分为三个等级:

第三等,"山川灵气所钟,并世无其俦匹,所谓超轶一时之丽也"。这一等级有三十五人:隋之红拂女、卓文君、周世宗之小符后、元泰定帝之萨都巴拉皇后、西楚虞姬、吴景帝之后朱佩兰、文宣李后之女温慧公主、太康伯张国纪之第三女宝珠、宋哲宗之孟后、宋钦宗之后朱淑贞、蜀先主刘备的吴国后、蜀李势之女、三国时之孙夫人、三国时孙翊之妻徐氏、秦武王之后魏贞姬、平帝之王皇后、明之费宫人、明武宗之夏后、鲁昭夫人吴孟子、辽道宗之后萧观音、晋之绿珠、晋穆帝的后办法倪、金卫王之女岐国公主及福王选后徐瑶英、后女苏克滴公主、汉之鲁元公主、汉之李夫人、汉昭帝的上官皇后、汉代的邢夫人、汉成帝之许后、公主之次女佩琬、陈之张丽华、北魏之木兰、北齐李希宗之长女莹娥、哀帝之后傅黛君。

这些丽人，或庄重一流，或妍秀一流，或窈窕一流，或俊俏一流。她们具有不同特性的美的素质。体质修顾、纤腰绰约自不必说，英雄侠气、巾帼俊俏，也是佳丽的重要构成。

第二等，"两间精气所萃，孕育数百年而一出者，所谓跨越一代之丽也"。这一等级有十人：楚平王夫人伯嬴、伯嬴的女儿季芈、汉代皇后陈阿娇、刘秀的结发妻子阴丽华、三国时甄皇后和大乔、小乔、隋宣华夫人、唐杨玉环、崔莺莺。她们无不具有绝丽之美，是天上的神仙，偶在人间。

第一等，"皆属亘古所无，所谓横绝千古之丽也"。这一等级只有五人：分别是西施、王昭君、纯情皇后淑君张嫣、容德甚美的昭信皇后李祖娥、五大艳后之一的懿安皇后张嫣。

西施、王昭君、貂蝉、杨玉环，被称为中国古代四大美女，享有"沉鱼落雁之容，闭月羞花之貌"的美誉，这人所共知。然而在鹅湖逸士的"美女排行榜"上，出现了西施、王昭君、张嫣、李祖娥、张宝珠,并称为中国历史上的"五大美女"。其中的张嫣,据史书记载,同名同姓的有两位,一位是汉惠帝刘盈的皇后,另一位是明熹宗懿皇后,字祖娥,小名宝珠。这样的选择或许在许多人的常识之外。

四大美女中的西施和王昭君,姑且不谈。我们来看看张嫣、李祖娥、张宝珠。西汉张嫣姿容秀美,典雅端庄。她的父亲即赵王张耳的儿子张敖,知书达礼,一表人才。母亲鲁元公主温淑娴雅,气质高贵,仪容飘逸。张嫣自幼在儒雅的家庭接受良好教育,娴静、高雅且早熟。《汉宫春色》赞美她"容与德皆极美"。可惜她年仅十四便守寡,幽闭空宫,终身是一个处女。张嫣去世后,臣民纷纷尊她为花神,定时享祭。

生活于明代的张宝珠,是天启元年(1621)从全国初选的五千名美女中,一连闯过"八关"选出的第一美女。关于她的容貌,《明史》记载:"顾秀丰整,面如观音,眼似秋波,口若朱樱,鼻如悬胆,皓牙细洁。"而张宝珠的才德胆略更有过人之处,她曾经帮助崇祯皇帝扳倒魏忠贤,以皇后身份教训过嚣张跋扈的客氏。在美女群体中,确实十分罕见。

李祖娥,北齐文宣皇后,出生于著名的高门士族赵郡李氏,有着极高的文学修养,堪称一代才女。李祖娥天生丽质,豆蔻年华就已是花容月貌,尽管深居闺中,其美貌却名扬天下,被誉为"横绝千古之丽"。然而令人惋叹的是,国色天香、贵为皇后的李祖娥,却有着不幸的人生,她的命运从来不由自己掌握,在漂浮间尝尽人间百辛苦,"不幸生于季世,又嫁高氏无礼之家,迭遭污辱,几至玉碎花残"。

鹅湖逸士对于"五大美女"有这样的总结性评语:"五人中,以张嫣、张宝珠为最颀长,肌体亦最丰艳。论德性,亦以两人为最优,汉后稍偏于柔,明后稍偏于刚,然皆有淑圣之德,其守身亦最为贞洁。五人之貌,亦庄重,亦妍秀,亦窈窕,亦俊俏,不可以一格名。然论其独至之处,则汉后张嫣以淑静而绝艳,明后张宝珠以端严而绝艳,高后李祖娥以秀慧而绝艳,西施以靓雅而绝艳,昭君以丰整而绝艳;皆属亘古所无,所谓横绝千古之丽也。"显然,为了客观公正起见,他不仅注重容貌,也考量她们不同的性格、品德、才华,做过了一番综合性的分析,才有"横绝千古之丽"的评判。对于她们不尽如人意的命运,也没有刻意回避。

皇皇华夏,美女如云,又何止是排行榜上列出的三个等级五十位佳丽呢?鹅湖逸士早已意识到这一点,他借助于文章中虚拟的人物,作自问自答:"以天地之大,二千余年之久,何地无丽人?何时无丽人?但余所心仪者,不过百二十人。此五十人者,皆见于书史,其余皆子所不知。"

他坦陈,自己所心仪的丽人,二千余年间也不过百二十人。请原谅,除了这五十人,其余的就不予置评了。至于还有一些丽人,比如赵飞燕、合德、武则天等,容貌并非不美丽,然而她们阴险妒悍的天性,会给仰慕者带来危害。又如班昭、蔡文姬、左贵嫔、谢道蕴等,具有非同凡响的才学,然而其貌不扬,无以将她们列为丽人。

"吾辈慕效丽人，要以形貌为先务，而才学抑其次也"，这是鹅湖逸士制定佳丽排行的一大原则。形体、相貌是评判的先决条件，才学也要考量，但是只能摆在次位了。

莎士比亚说，一千个观众，就有一千个哈姆雷特。历代评选丽人的标准，不仅仅环肥燕瘦，各有所好，与社会环境、经济发展、时尚风俗也无不有很大的关系。中国古代美女如鹅湖逸士所列五十人，多出在经济文化发达的中原地区、黄河流域。这是因为唐、宋以前南方的不少地区尚被视为"蛮荒之地"，即使才貌出众，也难以引起关注。

但是到了明清时期，随着资本主义渐渐萌芽，长江三角洲经济得以迅速发展，沿海城市的人口大量积聚，南方女子的俏丽、优雅与聪慧，在美女群体中异军突起。"上有天堂，下有苏杭"这句民间俗语，既象征着山水之美、风物之胜、财赋之盛，在某种意义上也透露苏杭一带原生的或移居的美女明艳动人，恍如阆苑仙葩，远远胜过其他地方的女子。

其实，从戏曲艺术史的角度看，无数声名鹊起的美女，与风靡大江南北的昆曲有着不解之缘。当时，状元与戏子被称为是苏州的著名"土特产"，受世人追捧。很多女孩子不到及笄之年，就在父母亲的引导下，早早学会了浓妆艳抹，莺声呖呖，眉目传情。如何成为一个美女，参与生存竞争，乃她们之必修课程。孰料，有一条很难逃脱的规律——成了美女，却未必赢得人生，所以演绎出许多曲折离奇、催人泪下的故事。

　　明清时期,南京秦淮河畔所云集的美女尤为出名。余怀在《板桥杂记》中,生动形象地记述了董小宛、李香君、顾眉生、卞玉京、寇白门、马湘兰六位,后来好事者又将柳如是和陈圆圆的名字列入,组成了著名的"金陵八艳"。邹枢《十美词记》记载的十美,包括巧蝴蝶、如意、陈圆圆、卞赛、沙才、梁昭、李莲、朱素、罗节等,她们大多是活跃于金陵、苏州、扬州、南通一带的歌姬,无不吴艳越媚,以色侍人。至此不难理解,四大、八艳、十美之类,这些与时俱进的佳丽排行榜,蕴含无限的岁月沧桑,令人感慨系之。

　　对美女的认同和推崇,显示了特殊的社会文化心态。今天,当我们站在历史的一个制高点上来认识,对于地域环境、人种素质、自然生态、经济文化、移民背景等等方面,或许会获得一种新的感悟。

我的补课小史
——代跋

我挤在一堆教授、学者中间,听他们讲述商周青铜器上的蚩尤纹饰、明清江南士绅的禁奢思想、近百年城市社会生活变迁,以及他者的江南。组织者原本让我做准备,给一篇论文点评,但作者无理由请假,论文不再宣读,一下子清闲了。咖啡让思维活跃,却有些走神。这样的学术,能把历史和现实中的许多迷雾廓清吗?又能给普通老百姓带来什么呢?

清晨,习惯早起的我,离开逸夫楼,在静谧的华师大校园里散步。我是想真切地见识一番大学,感受学府的味道。尽管心里明白,这跟在马路上看霓虹灯没有差别。临近岁末,一整年的边沿,寒潮隔三岔五地南下侵袭,让花草树木一片肃杀,拱桥下的池水凝滞得像果冻,但仍有学生裹着围巾在早读。高耸着毛泽东塑像的广场边,几个年轻人在整理成堆成堆的快递包裹。滨水的楼阁上,有人正在以雪松和铃铛营造圣诞晚会的气氛。西洋风格的楼宇前,一位夹了布包的老妪步履匆匆,满脸深邃,难以猜测身份,似乎给校园带来了几分神秘。

我是新中国的同龄人。身为"老三届"的一员,高中读了不满一年,就被"文革"裹挟了一切。放在课桌里的书本不翼而飞,图书馆被贴上了封条。那时,生活实践就是大专,插队落户就是本科,工厂车间不啻硕士。我毫不犹豫地进入高尔基式"大学"。陪伴我的一本美国长篇小说《短暂一生的漫长一天》,以每天两页的速度,在乡下的茅坑消耗殆尽。整整一代人在挥霍青春时,失去了最宝贵的东西。直至连键盘上的那些英文标识该怎么念,有什么意义都不知道。我不能不承认,弥补亏欠是被动的,十补九不足……

我们这个陈姓家族,五代从教,我又是长孙、长子,毫无疑义地要读书。幼小时,曾不止一次地缠住长辈问,是不是浑身上下没伤疤,就能当留学生？所在的水乡古镇,在辛亥革命前就有学子去往欧美和日本留学,很有枯灯夜读的风气。令人懊恼的是我的额角在打架时摔破过,外婆敷香灰止血,结果留下蚕豆大一个瘢痕。此后懂事了,却与大学失之交臂,便在心里留下永久的隐痛。这些年有机会多次踏进高校,开会、写作、讲课,还专门去德国慕尼黑大学、海德堡大学参观。然而跟学历无关,始终描绘不出坐在教室里听课是什么感觉。

如今想来颇有些滑稽,20世纪80年代,广播电视大学的两个文科班请我给学生指导毕业论文。他们顺利拿到了证书,我却连学生的资格都没有。于是报名入学读新闻专业,想混一张大专文凭。三年里,边工作、边写作、边读书,一门中国古代史考了两次才勉强及格,没花力气的文学概论却考得意外的好。谁知道,很快调离了新闻单位,去分管文物考古,一头扎进去,逼着自己写出了专著和论文。待我意识到文凭是个好东西,已经太晚了。无奈中,开始让自己补课,摸不清边沿地补课,读五花八门的书,啃那些难以啃动的硬骨头。从《中国早期国家》到《考槃馀事》,从《昆剧发展史》到《佛教文化论稿》,从《中西纹饰比较》到《昆虫记》,当然还有《论语》《道德经》《孟子》和《鬼谷子》之类。而且养成了搜集地方文化史料的嗜好,却把自小就喜爱的诗和小说边缘化了。

显然,正是因为失去了读书的机会,才饥不择食,囫囵吞枣,云里雾里,似懂非懂,读书庶几成为一种报复性、强制性、下意识的举动。或许拜老天相助,我一度居住在老图书馆院子里,房子极其简陋,借书却很方便,还能半天半天地待在书库里。那些所谓的禁书、内部参考书、限量发行书唾手可得。不管是狗熊掰玉米的方式,还是猴子捞月亮的方式,只要有书读的日子,就是忘乎所以的好日子。

与那个年代的文学青年无异,我是从诗歌、小说起步的,渐渐转向散文、随笔。自有毛病自得知,不敢涉足学术。学术从来是读书破万卷的学者们的事。不知怎么写了一篇寄出了,未必能算论文。但主办者说,你写得无拘无束,表达了独有的观点,独有才是可贵的。我心里暗自发笑。其实,那只是曾经的考古体会和大胆推理。我很难适应考据,看到文末那一连串注释就心烦,宁肯让思绪张开翅膀在空中飞翔。毫无疑问,这跟学历与经历有关,难以改变。研讨会中,听一位教授在讲台上跑题,说如何看人的颧骨和唇线,不仅能确定是北人还是南人,还能推算他的人生轨迹,顿时让会场气氛活跃起来。不过,我更喜欢听他关于钱不可太多,也不可太少,要恰到好处的调侃。如何掌握挣钱、储蓄与消费的分寸,做到恰到好处,也许是一门大学问。

  回过头去看,我的补课小史其实乏善可陈。一句话,明知十补九不足,仍然坚持不懈地读。每天在一小时以上。读书多了,知道书能生书(犹如不少人信奉钱能生钱一样),就学着写书。一本接着一本,陆续出版了七十种,尽管只有少数几种印数过万。我也曾给各种人(包括高级官员、大学教授、农民和小学生)讲课,讲的都是我所熟悉的地方文化与历史人物。有几篇散文印上了语文课本。有时不免暗忖,什么叫做学问?别人不屑于知晓、无法知晓、知晓得很浅薄的东西,你去学了,问了,积累了,就成了胜人一筹的资本。在内心深处,偶尔会为学历浅而自卑。但,假如真的读了大学,或成为教授,与曾经的生活迥然而异,难道就不会陷入更加复杂的处境?

  这两三年,由于新冠病毒流行,外出的可能明显减少。借助于足不出户的机会,我在电脑上读了大量古籍电子版,说每日一书,也许有些夸张,但读书的数量之多已很难计算。其中有名人诗文集和日记、江浙沪地方志、《四库禁毁书丛刊》等。当然还有参与出版工作的《顾炎武全集》《归有光全集》。《日知录》三十二卷,差不多囫囵吞枣读了三遍,才算渐入佳境。

以千万字计数的电子书，输入移动硬盘，只占一小个角落，却让我时时有坐拥书城的感觉。有两位比我年轻的朋友，是明末清初著名藏书家、出版家毛晋的后裔。兄弟两人对书籍有着特殊的感情，擅长用各种方式获取珍贵典籍。常见扉页上钤有"哈佛大学汉和图书馆""北京大学图书馆"等的藏书章。他们尤其喜爱收藏与地方文史有关的著述。一些书加以整理后，盖上电子印章"隐湖"。这意味着他们对汲古阁的传承。我的电子书大多是他们传给我的。借此机会，致以深切谢意。

以前的读书人，把放得下一张平静的书桌，作为自己的理想。如今不同了，只需放得下一台电脑，甚至一只手机，就可以尽情阅读了。碎片化阅读，催生了无数标题党、段子手、八卦婆。很少有人去阅读那些卷帙浩繁的典籍。我自然不愿一头钻入故纸堆，耗费原本就不多的时光（某些书，哪怕是电子版也能觉察出连蠹虫都不屑于一蚀的气息），但是必须承认，每一本书都有它存在的理由，全看你如何甄别。在甄别的同时，如何加以取舍、加以运用。无论经史子集、不分宋元明清，且读且思，且思且读。读书之乐，得之矣。

鲁迅先生说得很清楚："读书无嗜好，就能尽其多。不先泛览群书，则会无所适从或失之偏好，广然后深，博然后专。"在电子阅读时代，这番话依然没有过时，也就自然而然地成为我补课人生的座右铭。

有十余年时间，我为《北京青年报》"青阅读"写专栏文章，每月至少一篇。如今则写给《书屋》《中华读书报》《检察日报》等报刊。所撰写的多是读书笔记，从史料钩沉中感悟人生，阐发议论。这一大堆电子书真的帮了很多忙。从阅读中得到启发，获得题材，文章就不难构思了。因为大抵是在阅读之后信手写下的，我称之文化随笔，区别于散文。平心而论，比这更大的收获是改变了阅读理念。原以为自己的几千册藏书算是不少了，现在明白只不过是沧海一粟。读书可以不必去图书馆、书店。网络时代的便利，远远超越了想象。

这些年，我行走在文学与文化的边沿，行走在传承与嬗变的边沿，行走在耕作与收获的边沿，行走在痛楚与欢愉的边沿。最初似乎是不自然的，渐渐地形成了一种惯性。跟功利无缘，跟欲望无关，跟寂寞无涉。不为名，不求利，不争先。如今已很难有什么力量能改变这种行走。甘苦自知，荣辱无谓，顺逆皆可，命运就是如此。

朋辈们有的含饴弄孙，有的颐养天年，有的已与这个世界揖别。但，也有人依然壮心未已，探寻不止。我想，在补课不已的路途上，唯一安慰自己的，或许是这样的一句话：

人生，因为许多不完美，才有滋有味。

图书在版编目(CIP)数据

一水而东：江南人文手记/陈益著. —上海：上海书店出版社,2023.6
ISBN 978-7-5458-2269-4

Ⅰ.①一… Ⅱ.①陈… Ⅲ.①读书笔记-中国-现代 Ⅳ.①G792

中国国家版本馆CIP数据核字(2023)第057275号

责任编辑 岳霄雪　解永健
装帧设计 郦书径
特约编辑 陈嘉伟

一水而东
——江南人文手记

陈　益　著

出　版	上海书店出版社
	(201101　上海市闵行区号景路159弄C座)
发　行	上海人民出版社发行中心
印　刷	上海叶大印务发展有限公司
开　本	889×1194　1/32
印　张	9.25
版　次	2023年6月第1版
印　次	2023年6月第1次印刷
ISBN 978-7-5458-2269-4/G·185	
定　价	49.00元